Karaté Shito Ryu

une bibliographie

Bernard Floirat

Karaté Shito Ryu

une bibliographie

Bernard Floirat

En couverture :
Katsushika Hokusai (1760-1849), « Les chutes d'Ono, sur la route de Kiso », série *Voyage au fil des cascades des différentes provinces*, estampe, encre sur papier, 38,3 x 25,7 cm, vers 1833, © Henry L. Phillips Collection, Bequest of Henry L. Phillips, 1939.

Notes :

- Les noms japonais des katas et des personnes sont uniformisés, même lorsque cette convention affecte les titres des ouvrages ;
- Les noms japonais sont présentés selon l'usage européen : le prénom, puis le nom ;
- Les références d'un même auteur sont classées chronologiquement et non alphabétiquement ;
- Lorsque les jaquettes sont absentes, elles sont remplacées par l'emblème de l'école concernée.

PARIS

ISBN 978-2-9569617-1-0, Kayogi - Paris France, 2019

2e édition, revue et augmentée, de la publication numérique de l'ouvrage
Karaté-do Shito Ryu, une bibliographie, Paris, Kayogi, 2017-19 (ISBN : 978-2-9569617-0-3)

à mon épouse Anetta

Table des matières

Introduction

La finalité du Budo c'est la paix,
pas de frapper avec ses poings ou ses pieds
Kenwa Mabuni[1]

Le Karaté-do de style Shito Ryu est officiellement reconnu sur le territoire japonais en 1939 grâce à son inscription à la Dai Nippon Butokukai[2]. Lorsque son fondateur, Kenwa Mabuni (賢和摩文仁, 1889-1952), entreprend cette démarche administrative il est déjà installé à Osaka avec toute sa famille, laissant derrière lui, définitivement, sa terre natale d'Okinawa.

Le terme Shito (糸東) est inventé par Mabuni en 1934. Il est constitué de la réunion des deux premiers idéogrammes du nom

[1] Kenwa Mabuni (KM. 03, 1934), 2002 (p. 22).
[2] Organisation officielle japonaise créée en 1895 afin d'assurer le recensement des arts martiaux japonais, leur préservation et leur transmission.

des deux principaux maîtres de Mabuni, Yasutsune « Anko » Itosu (1831-1915) et Kanryo Higaonna (1853-1915) : 糸 pour Ito(su), qui peut aussi se lire « shi », et 東 pour Higa(onna), qui peut se lire « to ». Le terme Ryu (流) correspond à une école moderne, par opposition aux écoles anciennes (Koryu)[3].

Une des toutes premières mentions du terme Shito Ryu date de 1935, dans le dernier livre publié par Mabuni[4]. Il y présente le Shito Ryu comme *son* style, vingt ans après avoir commencé à enseigner lui-même. C'est au cours de ces années que le karaté de Mabuni s'est élaboré. Le fruit d'un long travail de recherche personnelle qui n'aurait pu aboutir sans une étroite collaboration avec tous les autres futurs maîtres du karaté moderne (Miyagi, Funakoshi, Otsuka, les frères Motobu, Konishi, etc.).

L'emblème retenu pour représenter le Shito Ryu est aujourd'hui celui de la famille Mabuni, ⊕. Selon certains, les lignes verticales et horizontales représentent l'idéogramme homme ou personne et symbolisent deux personnes qui concourent à maintenir

[3] Il ne faut pas confondre le style *Shito Ryu* avec son homophone *Chito Ryu* (千唐流, « style d'une tradition chinoise de mille ans »). Ce style a été créé en 1946 par Tsuyoshi Chinen (dit « Chitose », 1898-1984), le petit fils de Sokon Matsumura.

[4] KM. 05, 1935-38 (traduction espagnole de la première édition japonaise, 2002, p. 55).

la paix (représentée par le cercle). Hidetoshi Nakahashi précise qu'en combinant ces deux idéogrammes les armoiries signifient « les hommes œuvrant pour maintenir la paix et l'harmonie »[5]. Selon Kenei Mabuni son père aurait donné une seconde interprétation pour la signification de l'emblème : les lignes intérieures seraient les racines du Shito Ryu (la ville de Shuri avec Itosu et celle de Naha avec Higaonna), les armoiries symboliseraient ainsi la fusion des deux écoles aussi bien que l'unicité du style Shito Ryu[6].

Si cet emblème est bien celui de la famille Mabuni il est tout autant celui de la famille de Tetsuhiro Hokama (Karaté-do Goju Ryu). En fait, il est plus ancien encore, bien postérieur au karaté. Il appartient à la famille Oshiro dont descendent les familles Mabuni et Hokama ainsi que celle des Nakamoto[7]. Même si ce qui est connu de la généalogie des Oshiro est vraiment incertaine, les historiens semblent s'accorder sur le fait que Kenwa Mabuni en fasse bien partie. Il est donc le 17e héritier d'un guerrier du XVe siècle, Kenyu Oshiro (1400 ?-1469), surnommé Oni-Oshiro (« le démon

[5] Nakahashi, *Tradition Shito Ryu Karaté-do*, Converse, 2003 (p. 6).

[6] Kenei Mabuni, *La voie de la main libre*, 2004 (p. 101-103).

[7] Voir à ce sujet : Salvador Herráiz (« Kenei vs. Kenzo - Le Shito Ryu déraciné et la mésentente des fils Mabuni », *Budo International*, 2011, p. 20-27), Heinrich Büttner (*Koryu Goju Ryu Karate Jutsu, Basic Principles*, édition anglaise, Books on Demand, 2018, p. 64) et le site http://ryukyuma.blogspot.fr/2013/01/the-ufugusuku-legacy.html (dernière consultation : 25 juillet 2019).

Oshiro »)[8]. Ce serait lui qui aurait inspiré Kenwa dans son enfance et serait à la source de toute sa démarche martiale[9]. Contrairement à ce qui est écrit souvent Oshiro ne pouvait être samouraï : ce corps de guerriers existait déjà mais il faisait partie de l'élite japonaise et, au XVe siècle, Okinawa est un royaume autonome. Il y a bien eu des samouraïs dans cet archipel, mais ce fut lors de la colonisation du territoire par le Japon, en 1609.

Comme me l'a récemment confirmé Roland Habersetzer le premier logo choisi pour représenter ce style n'est pas l'emblème familial (⊕) mais celui-ci :

Un chrysanthème de seize pétales entourant un poing droit. Sous cette forme il se rapproche de l'une des représentations du sceau impérial japonais. Il est également très proche d'un des anciens drapeaux, un soleil entouré de seize rayons. Plusieurs maîtres étrangers contactés concernant l'usage de ce logo semblent très sceptiques. Pour eux ce détournement de l'emblème impérial, s'il a réellement été employé, n'aurait pu être accepté longtemps sur le territoire japonais. Habersetzer est le seul à y faire référence aujourd'hui.

---

[8] La prononciation okinawaïenne est « Uni-Ufugusuku ». Voir Andreas Quast, *Oni Oshiro*, collection Ryukyu Bugei, 2016 (note 82).

[9] Kenei Mabuni, *Karaté-do traditionnel Shito Ryu*, Sedirep, 1995 (p. 9).

L'usage d'un signe distinctif pour représenter un style remonte aux environs des années 1930, période où justement les styles modernes commencent à se structurer et s'individualiser. L'obligation de se déclarer à la Butokukai a peut-être aussi influencé cette pratique. Les maîtres ayant déjà un emblème familial ont pu le reprendre, comme ce fut le cas pour les Mabuni et les Hokama, mais cette réappropriation ne fut pas nécessairement immédiate. Il existe une photographie de Kenwa Mabuni en grande tenue avec sabre où il pose devant deux grands emblèmes familiaux en bois (dont l'un est retourné, ⊖)[10], mais il n'y a aucune mention dans ses écrits d'un lien quelconque entre cet emblème et le Shito Ryu. D'ailleurs sur cette photographie il est bien plus jeune que sur celles présentes dans ses livres de 1934, année où il décrit encore son style comme le Goju Ryu Kempo[11].

[10] Voir la vidéo *The Mabuni Kata of Seito Shito Ryu*, 2001 (à 1 min 30). Même si ce logo est systématiquement représenté ainsi, ⦶, l'orientation ne semble pas être essentielle pour Mabuni (http://www.shitokaihonduras.org/kenwa.html, https://karateyalgomas.com/2015/12/20/practicar-kata-correctamente-por-kenwa-mabuni/, dernière consultation octobre 2019).

[11] *Karate Kempo: The Art of Self-defense*, 1934 (2002, p. 8 et 14). À Okinawa Mabuni est connu, entre autres, pour son karaté appris chez Itosu mais lorsqu'il part pour la métropole japonaise, il enseigne avec son ami Miyagi le karaté appris chez Higaonna, le Goju Ryu. Si certains conçoivent le Shito Ryu comme une synthèse de deux styles, d'autres préfèrent y voir, de fait, un karaté qui enseigne deux styles distincts : le Naha-Té tel que Miyagi et Mabuni l'ont appris chez Higaonna et le Shuri-Té d'Itosu.

L'usage de l'emblème n'est devenu officiel que bien après le décès de Mabuni en 1952. Son fils Kenei ne l'utilise pas encore dans ses trois ouvrages japonais écrits dans les années 1960. Le premier texte trouvé où il apparaît – sur une photo, cousu sur un kimono – date de 1980 (J. Martin, p. 37). Il est référencé ensuite chez Gutierrez en 1984 comme l'emblème officiel du Shito Ryu (p. 14). En conséquence, le développement de son utilisation doit vraisemblablement remonter aux années 1970. À cette période plusieurs grands noms du Shito Ryu s'affichent déjà avec des symboles distincts pour leurs écoles respectives (Tani, Nanbu, Hayashi), certainement pour se différencier de celui des Mabuni.

Ce symbole est aujourd'hui devenu dans le monde entier un vecteur essentiel pour légitimer la diffusion de l'enseignement de Kenwa Mabuni. Conséquemment, les branches du Shito Ryu qui ne se rattachent pas directement à la famille ont dû en concevoir un autre.

Voici une liste des branches issues du Shito Ryu des origines. Elle est non exhaustive mais contient toutefois pas moins de cinquante mouvements différents. Certains semblent s'imbriquer entre eux (souvent initiés par des élèves directs de Mabuni), d'autres semblent avoir plus d'autonomie. Ils se réfèrent tous plus ou moins au Shito Ryu ou à son fondateur, malgré tout il est bien difficile de pouvoir affirmer s'ils existent véritablement en tant que branches stylistiques ou bien si ce ne sont que de simples structures administratives[12]. Ces dernières peuvent avoir des dimensions plus ou moins importantes, d'un dojo unique à une organisation internationale :

Aoinagi (Raymond R. CASTILONIA)
Dento Shito Ryu (Kenei MABUNI)
Doshi Kai (Hachiro ABE)
Genbu Kai (Fumio DEMURA)
Hakuryu Kai (Hakuryu SEIKI)
Hayashi-Ha (Teruo HAYASHI)
Hinsei (John GADDY)
Hokushin (Minobu MIKI)
Itosu Kai (Ryusho SAKAGAMI)
Keishin Inoue-Ha (Yoshimi INOUE)
Kempo Shito Ryu / Uechi-Ha (Kanei UECHI)
Kensei Kai (Teruo TAKAYAMA)
Kenshu Kai (Eiji OGASAHARA)
Kenyu Kai (Takamasa TOMOYORI)
Kita Kaze Bujutsu Kai (Richard KELLEY)
Kofukan Tani-Ha (Yasuhiro SUZUKI)
Kogawa Bushido Kai (depuis 1999)
Kotaka-Ha (Chuzo KOTAKA)
Nambu Kai(Kempe KIMURA)
Nihon Kempo Kai (Masaru SAWAYAMA)
Nobukawa-Ha (Kuniaki NOBUKAWA)
Saito-Ha (Del SAITO)
Sanku Kai (Yoshinao NANBU)
Sanshin-Kan (Tamas WEBER)
Seiken Shudo Kai (Sei IWASA)
Seiki Kai (Masaru WATANABE)
Seiko Kai / Suzuki-Ha (Seiko SUZUKI)
Seiku Kai (Shigemasa KAWATA)
Seishin Kai (Kosei KUNIBA KOKUBA)
Seito Shito Ryu (Kenzo MABUNI)
Shingetsu Ryu (Yasushi ABE)
Shinji Kai (Koso FUJI)
Shiokawa Kai (Hosho Terushige SHIOKAWA)
Shiroma (Shinpan SHIROMA)
Shitokai (Manzo IWATA, Kenei MABUNI)
Shudo Kai (Hiroshi SEIKI)

[12] Les termes école et style sont souvent utilisés l'un pour l'autre. Habersetzer préfère parler de branches (Ryu-Ha) dérivées d'un-e style/école (Ryu) (article « Ryu » de son *Encyclopédie*).

Kotosu-Ha (Joseph RUIZ)
Kuniba Kai (Shogo, Kosuke, Kozo KUNIBA)
Kuninaga Kai (Masayuki KUNINAGA)
Kunshin Ryu (Kanemori KANESHIRO)
Kurokawa-Ha (Timothy M. BROOKS)
Meibu Kai (Masatoshi FUJITANI)
Motobu-Ha Shito Ryu (Shogo KUNIBA)
Shuko Kai / Tanhi-Ha (Chojiro TANI)
Siu Loong Kenshu Kai (Derek POLLOCK)
Sosa Kai (Jorge SOSA)
Tanaka Shobukan (Hiromasa TANAKA)
Tetsu-ryu-Ha (Ted A. HINES)
Tozan Ryu (Kensei KANESHIRO)
Yamato Ryu (Seiki HIROSHI)
etc.

Le fait d'être reconnu comme un des styles majeurs du karaté ne confère donc pas au Shito Ryu une grande homogénéité. Il est très difficile de s'y retrouver, même pour les adeptes du style. Ce qui pourrait être une richesse n'en devient qu'une source véritable de confusion. Cette bibliographie ne prendra pas position pour l'un ou l'autre de ces mouvements, l'objet est plutôt d'essayer de tous les réunir. Il serait par ailleurs intéressant de s'attarder sur les raisons d'une liste aussi longue. Il faudrait aussi vérifier si tous les styles de karaté suivent un fonctionnement aussi disparate dans la transmission du savoir. Quoi qu'il en soit, du point de vue technique, il est difficile de croire qu'il y ait des différences suffisamment significatives entre ces mouvements pour justifier un tel imbroglio. À ce stade une telle diversité ne contribue pas plus à l'unicité du style qu'à son renforcement sur le plan international. Certaines branches n'existent d'ailleurs qu'en raison de différends familiaux ou administratifs.

Le Shito Ryu est souvent considéré comme un des « quatre grands styles » avec le Goju Ryu, le Shotokan et le Wado Ryu. Il est vrai qu'il est celui qui contient le plus grand nombre de katas (plus de soixante-dix selon les sources)[13] et qu'il trouve ses racines autant en Chine que dans les villes de Shuri, Naha et Tomari –, malgré cela, ce qualificatif de « grand » est particulièrement impropre. Il existe certes des différences significatives entre les styles, notamment en termes de représentativité dans le monde, mais il n'existe pas de grands ou de petits styles. La raison initiale d'un tel qualificatif vient uniquement du fait qu'ils ont été les premiers à être déclarés à la Butokukai – donc « en premier » et non pas « les plus grands », comme cela est compris de nos jours – et, de fait, à être officialisés dans le système japonais.

La commission nationale française des grades reconnaît près de quinze styles différents de karaté dans son règlement, et il y en a encore beaucoup d'autres : l'objet de cette base documentaire n'est pas de mettre en exergue le style Shito Ryu, ou une de ses écoles dérivées, mais bien de proposer un outil à tous ceux qui voudraient approfondir leurs connaissances dans les arts martiaux.

[13] Selon son fils Kenzo, Kenwa Mabuni connaissait pas moins de quatre-vingt dix katas.

Cet ouvrage est né d'un constat simple : il n'existe pas de bibliographie concernant le karaté-do Shito Ryu. Il est rare que les ouvrages en proposent une, même pour les plus importants. Les sources étant beaucoup trop éparses, une recherche en bibliothèque n'est de fait que d'un intérêt limité.

La bibliographie est structurée simplement, chaque partie représente un type de support. Tout d'abord, les ouvrages (1), les articles et les revues (2), les vidéos (3), les sites Internet (4) et enfin les applications pour téléphone mobile (5).

En se limitant à la langue française un tel travail ne se justifierait pas vraiment : il n'y aurait guère que des références autour d'Hidetochi Nakahashi, de Kenei Mabuni et quelques écrits disparates (Satoru/Juille, Ortega, Mitsuya, Nanbu). Par contre, en ouvrant la recherche à d'autres pays on constate une grande richesse dans les écrits russes et que ceux en espagnol jouent jeu égal avec les publications en anglais[14]. Les sources sont évidemment en japonais, malheureusement il n'existe que très peu de traductions. À ce jour, c'est la Russie qui se distingue puisqu'elle est le seul pays à disposer des traductions de la quasi

[14] Comme peut en témoigner le remarquable article bibliographique de Pérez-Gutiérrez (http://revpubli.unileon.es/ojs/index.php/artesmarciales/article/view/836/742, dernière consultation : juillet 2019).

intégralité des textes de Mabuni, et cela grâce au travail d'Alexey Gorbylyov[15].

Pour que cette bibliographie ne soit pas trop refermée sur elle-même, il a semblé intéressant de l'ouvrir aux ouvrages plus généraux – ou fédérateurs – comme ceux de Gishin Funakoshi, des historiens des arts martiaux Habersetzer et Tokitsu. Nécessairement quelques dictionnaires et encyclopédies et, évidemment les rares bibliographies sur les arts martiaux existantes à ce jour, celles d'Andreas Quast, de Mikel Pérez-Gutiérrez (*et alii*) et de Rob Jacob.

Une simple observation permet de constater que peu de grands noms du karaté publient. La préférence est toujours à la transmission orale et cela au risque de voir cet héritage se transformer, se fragmenter voire disparaître progressivement (ce qui peut paraître paradoxal pour la culture japonaise). Même si des publications existent, elles sont parfois diffusées de façon élitiste, de maître à élève méritant, ce qui ne favorise pas vraiment le développement de la discipline. Cette bibliographie peut aider à pondérer quelque peu cet état de fait mais, aussi complète soit

[15] Ce qui est particulièrement remarquable chez cet auteur, c'est qu'il a également traduit les textes de Kano, Motobu, Itosu, Funakoshi, Nakasone, etc.

elle, elle ne pourra pas remplacer l'accès direct à une transmission traditionnelle du savoir, sur un tatami.

Cette bibliographie met en exergue plusieurs types de présentations quant à la structure des ouvrages (1) :

Une bonne part propose une approche traditionnelle du karaté avec simplement des photographies de katas sans descriptif et parfois sans aucun texte. Malgré un corpus qui dépasse largement les cinquante katas, on ne peut vraiment parler de recherche d'exhaustivité chez les auteurs du Shito Ryu. Les katas retenus sont souvent les mêmes : les cinq Pinan, Bassai Dai et Seienchin. Cela démontre bien l'absence total d'unicité et de liens entre ces branches qui se revendiquent pourtant toutes du Shito Ryu de Kenwa Mabuni.

Certains ouvrages sont à considérer comme des témoignages, entre l'histoire et le roman, sur une école en particulier. Par exemple ceux de Raymond R. Castilonia, James Herndon ou le dernier ouvrage de Kenei Mabuni. Ce type d'approche est assez semblable aux interviews (voir notamment celles réalisées par Jose M. Fraguas).

L'ouvrage de référence pour l'aspect technique est celui d'Allen Tanzadeh (*Dynamic Shitoryu Karate*, 2017), en tout cas c'est certainement le plus complet. Il faut le mettre en parallèle avec celui de Roland Habersetzer (*Karaté pratique*, 2017). Même si ce dernier est axé sur le Shotokan, les deux se complètent parfaitement. Un autre ouvrage particulier, malheureusement introuvable aujourd'hui, est celui de Richard P. Baillargeon (1930-1989), certainement l'écrit le plus ancien sur le Shito Ryu (Motobu-Ha) dans une langue autre que le japonais (1968).

Concernant la biographie de Kenwa Mabuni, il existe vraiment très peu de choses. Cela se limite au dernier livre de son fils Kenei et à quelques rares écrits : Alexey Gorbylyov (en russe), Patrick McCarthy (en anglais), Matthias Golinski (en allemand et en anglais) et Luis Alberto Garcia Espada (en espagnol)[16]. Bien plus de cent millions de karatékas dans le monde et seulement une seule poignée de textes sur Kenwa Mabuni… Constat très surprenant. S'il existe d'autres sources, elles ne sont que fragmentaires et clairsemées, et les ouvrages japonais ne font manifestement pas exception. Aucune véritable biographie à ce jour de Kenwa Mabuni si ce n'est l'ouvrage russe richement documenté de Gorbylyov.

[16] Mais, comme dans la majorité des ouvrages présentés ici, l'auteur ne mentionne aucune source et aucune bibliographie. Cette fâcheuse habitude est vraiment problématique, impossible à vérifier, insuffisant pour créditer. Cela correspond néanmoins plutôt assez bien à la traditionnelle transmission des arts martiaux.

La présentation la plus répandue dans les ouvrages de cette bibliographie est le précis de cours (ou syllabus). Un manuel simple avec très peu de texte explicatif, généralement sous la forme de listes thématiques qui font l'effet d'un catalogue plus ou moins détaillé (les différentes méthodes d'attaques de poings, de pieds, les positions, les points vitaux, etc.). Ils contiennent souvent *la* liste des katas pratiqués, qui est, la plupart du temps, différente d'un ouvrage à l'autre…

À l'opposé, la présentation la plus originale (et la moins courante) est celle de José Aguiar, sous forme d'un reportage photographique accompagné entre autres de témoignages importants (assez proche de l'ouvrage de Nakahashi de 2006). Son ouvrage aborde également le Shotokan et le Wado Ryu ; Aguiar est surtout le seul auteur de cette bibliographie à écrire sur le handisport.

Entre ces deux types de présentations, on trouve les essais académiques, principalement des travaux universitaires, généralement des thèses de doctorat ou des articles dans des revues scientifiques spécialisées.

Les articles (2) sont de deux sortes, soit des témoignages de grands maîtres dans des magazines à grand tirage, soit des écrits universitaires au contenu bien référencé mais dont les sujets sont plus abscons que les premiers. Aussi curieux que cela puisse paraître, les revues semblent être moins concernées par l'obsolescence des supports. Nombre d'exemples sélectionnés ici – et il y en a vraiment beaucoup d'autres – sont pour la majorité encore disponibles sur Internet. La principale difficulté est que le référencement des magazines se fait généralement par numéro et non par contenu. Autant il est possible de retrouver un article dont on a connaissance, autant il est complexe d'en découvrir de nouveaux.

Il existe de très nombreuses vidéos sur le Shito Ryu (3), l'objet n'est nullement de vouloir toutes les référencer. A fortiori, dans la liste limitative donnée ici certains enregistrements n'existent déjà plus. Autant la technologie permet une large transmission du savoir, autant celui-ci disparaît progressivement : les supports changent, les tirages sont en trop petite quantité, le mode de diffusion est trop élitiste, les prix sont parfois déraisonnables, etc. Les nouveaux enregistrements *remplacent* les anciens qui disparaissent complètement du répertoire, et Internet accentue le mouvement. Comme il n'existe pas de bibliographie générale, tout cela passe totalement inaperçu. Cette partie illustre un peu cet état de fait.

La quatrième partie sur les sites Internet n'est qu'une sélection purement arbitraire. Il est difficile de faire un choix judicieux et les sites officiels ne sont pas toujours les mieux documentés. Internet est un support très instable, les pages référencées ici peuvent ne plus exister. Un peu le même constat concernant les applications pour téléphone mobile (5), difficile de les considérer comme des sources pérennes tant elles dépendent d'un support qui ne cesse de se transformer. Il faut aussi souligner un niveau très inégal entre les applications mentionnées ici. La majorité ne contient que des textes très courts avec de simples renvois vers Internet. La proposition la plus originale est celle de Daniel Céron.

Cette bibliographie, la seule en son genre, mentionne trois cents références, dont plus de cent cinquante livres directement sur le Shito Ryu. Beaucoup sont introuvables, d'autres ne sont même plus référencés[17]. Il a semblé nécessaire de les citer tout de même

[17] Voir à ce sujet l'immense bibliothèque d'Allen Tanzadeh (http://tanzadeh.com/my-karate-martial-arts-archives-and-library/, dernière consultation : janvier 2018). Il en existe certainement beaucoup d'autres mais ils sont difficiles à identifier. Les titres ne font

dans l'espoir qu'ils soient à nouveau commercialisés. Sans rechercher l'exhaustivité ou la vulgarisation, ces quelques pages se proposent simplement d'offrir un moyen de compléter ses connaissances.

Ces quelques pages ambitionnent de créer un lien entre recherche personnelle et entraînement régulier, afin que cet art martial ne devienne pas qu'un simple sport olympique de plus.

souvent référence à aucun style et les tirages sont parfois trop limités pour être identifiés dans les bases de données.

Bibliographie

Chapitre 1 : Les ouvrages

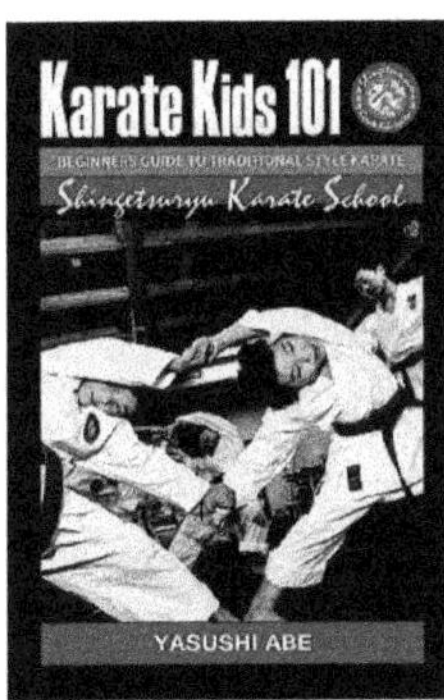

ABE Yasushi[18], *Karate Kids 101 Beginners Guide to Traditional Style Karate*, CreateSpace Independent Publishing Platform, 2011 (244 p.).

Style/École : Shingetsu Ryu

ABE Yasushi, *Perfect Learning Karate Kata For Athletes: Bassai Dai (1374 Photos)*, CreateSpace Independent Publishing Platform, 2011 (148 p.).

Style/École : Shingetsu Ryu

[18] La généalogie du Shingetsu Ryu trouve ses racines dans le Karaté et le Kobudo, essentiellement représentés par Sensei Tetsuhiro Hokama (Goju Ryu). Yasushi Abe mentionne également Kenwa Mabuni.

ABE Yasushi, *Perfect Learning Karate Kata For Athletes: Seienchin (1432 Photos)*, CreateSpace Independent Publishing Platform, 2011 (146 p.).

Style/École : Shingetsu Ryu

ABE Yasushi, *Traditional Japanese Karaté, Illustrating 227 Techniques with Easy Terminology*, CreateSpace Independent Publishing Platform, 2011 (248 p.).

Style/École : Shingetsu Ryu

ABERNETHY Iain, *An Introduction to Applied Karate*, Cockermouth, Cumbria, Neth Publishing, 2004 (35 p.).

Style/École : Wado Ryu

ABERNETHY Iain, *The Application of the Pinan/Heian Katas*, Cockermouth, Cumbria, Neth Publishing, 2004 (32 p.).

Style/École : Wado Ryu

AGUIAR José, *Karate - Real Training for Life - Great Masters - Budo - Competiton*, Mexico, José Aguiar, 2016 (204 p.).

Style/École : Shito Ryu

AGUIAR Jose, *Karate Shito Ryu - os grandes mestres - os katas - entrevistas* (en portugais), Brazil, 2008 (190 p.).

Style/École : Shito Ryu
Katas : Bassai Dai (Shitei Kata) ; Seienchin (Shitei Kata)

ALEXANDER David, *Karate In Modern Day Use*, Independently published, septembre 2017 (286 p.).

Style/École : Shukokai
Katas (sans Bunkaï): 5 Pinan, Matsukaze, Juroku, Jiin, Rohai, Ananko, Saifa, Bassai Dai, Seienchin

ALEXANDER David, *Shukokai Karate Kata*, Independently published, juillet 2017 (114 p.).

Style/École : Shukokai
Katas : 5 Pinan, Matsukaze, Juroku, Jiin, Rohai, Ananko, Saifa, Bassai Dai, Seienchin.

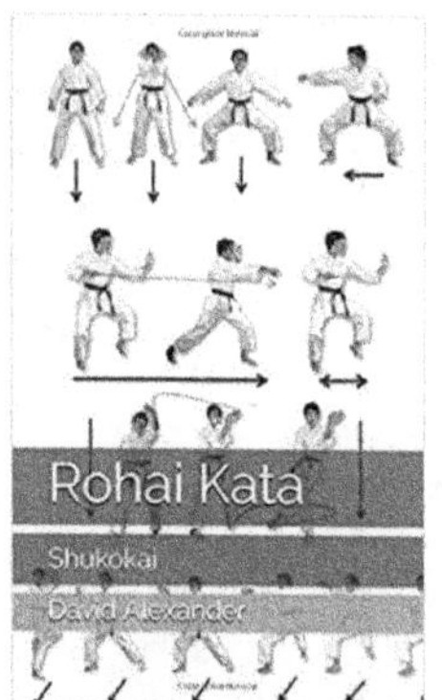

ALEXANDER David, *Rohai Kata - Shukokai*, Independently published, mars 2019 (27 p.)[19].

Style/École : Shukokai

[19] David Alexander a également publié cinq ouvrages sur les cinq Pinan en 2019.

ALEXANDER George W., **JESPERSEN** Bo M., *Dictionary of Japanese Martial Arts*, Yamazato Publications, revised edition, 2015 (504 p.).

Ouvrage général

ARMSTRONG Jason, *Karate Theory Manual, The White to Black Belt Journey, Shito Ryu of the Traditional Japanese Karate Network* (History & Tradition, Technical Evolution & Shuhari, Karate Culture & Philosophy, Kata Bunkai vs Tournament, Terminology, Philosophy of Testing), 4th edition, The Traditional Japanese Karate Network, Lulu Press, 1997-2016 (204 p.)[20].

Histoire du Karaté et du style Shito Ryu, philosophie, Kata
Spécificités du style Shito-Ryu (dont le Shukokai)
Katas : Pinan Nidan, Shihozuki (Jodan, Gedan), Juni no kata Ichiban (Gedan)

ARMSTRONG Jason, *Seienchin - Karate and the Kata – An in Depth Analysis of History, Philosophy & Applications to Full Contact Fighting*, 2nd edition, The Traditional Japanese Karate Network, Lulu Press, 2010 (153 p.).

[20] Voir aussi Jason Armstrong : *Street Fighting Statistics With Medical Outcomes Linked To Karate & Bunkai Selection*, 2e édition, 2012 (232 p.) ; avec McLinton Sarven, *Karate Styles: Surprising Links to Shortened Lifespan, Technical and cultural Considerations*, 2013 (262 p.).

BAILLARGEON Richard P., *Karate Katas Simplified*, Seishin-Kai Karate Union (avec le volume de supplément *Simplified Karate Katas*), Pakistan, Ferozsons, 1968 (49 p., 23 p.).

Style/École : Motobu-Ha Shito-Ryu, Seishin Kai Karate Union puis National Karate and Ju-jutsu Union

BITTMANN Heiko, *Die Lehre des Karatedo* (en allemand), édititon augmentée, Verlag Heiko Bittmann, 2017 (264 p.) : « Mabuni Kenwa » » (p. 119-122) ; « Mabuni Kenwa: "Haltung des Herzens des Übenden auf dem Wege der Leeren Hand" 1938 – Nach Darlegungen Mabuni Kenwas verfasst und kommentiert von Nakasone Genwa » (p. 158-170).

The Teachings of Karate-do (version anglaise, 2005, 218 p.) : « Mabuni Kenwa » (p. 59-62) ; « Stance of the Heart of the Practitioner of the Way of the Empty Hand », traduction de la section 10 (chapitres 35 à 38) de l'ouvrage de Kenwa Mabuni et de Genwa Nakasone (1935/38, p. 93-102 et 2002, p. 67-71).

BOKELIUS Ken, *Shito Ryu Sanshinkan Karate, The Karate of Tamas Weber* (en anglais), volume 1, édition révisée et augmentée avec un avant-propos de Tamas Weber et un autre d'Isaac Florentine, Sanshin Kan International, édition Tamas Weber, 2017 (164 p.) ; première édition sous le titre *Tamas Webers Shito Ryu Sanshinkan Karate* (en suédois), 2016.

Style/École : Sanshin-Kan

BOADA FONT Xavier, *Karate Shito-Ryu Fundamentos* (en espagnol), 2016 (152 p.).

CALDERONI ELIAS Jose Luis, *Karate-do Shito Ryu - Manual Práctico* (en espagnol), supervision technique de Kunio Murayama, collaboration de Marcelo Calderoni, approbation de Manzo Iwata, Shito Kai Mexico, Monterrey, Mexico, 1986.

Édition anglaise sous le titre *The Art of Shito Ryu Karate*, © Calderoni, 2018 (80 p.).

CAMPS Hermenegildo, **CEREZO** Santiago, *Estudio Técnico Comparado de los Katas de Karate*, Barcelona, Alas, 2010 (686 p.)[21].

Étude comparée de 132 katas issus de différentes écoles (Goju, Kobayashi, Matsubayashi, Ryuei, Shito, Shotokan, Uechi, Wado), avec un classement par origine (Shuri, Naha, Tomari, Mabuni, modernes, didactiques) et avec des versions Koshiki, okinawaiennes et japonaises :

Katas (sans Bunkaï) : Tomari Bassai/Oyadomari no Bassai (Matsubayashi, Shito), Matsumura Bassai (*Okinawa*), Chibana Bassai (Kobayashi, Shito), Bassai Dai (Shito), Bassai Dai (Shotokan), Bassai (Wado), Bassai Sho (Shito), Bassai Sho (Shotokan), Chatanyara no Kus-

[21] Ce livre peut être mis en parallèle avec les deux ouvrages de Santiago Cerezo et Cristóbal Gea avec qui l'ouvrage est conçu ainsi qu'avec les vidéos du site Internet de Santiago Cerezo : http://www.karateclubhirota.com/ (dernière consultation : juillet 2019).

hanku (Matsubayashi, Shito), Itosu no Kushanku/Kosokun Dai (Shito), Kanku Dai (Shotokan), Kushanku (Wado), Chibana no Kosokun Sho (Kobayashi, Shito), Kanku Sho (Shotokan), Shiho Kosokun (Shito), Naifanchi Shodan (Shito), Tekki Shodan (Shotokan), Naifanchi Shodan (Wado), Naifanchi Nidan (Shito), Tekki Nidan (Shotokan), Naifanchi Nidan (Wado), Naifanchi Sandan (Shito), Tekki Sandan (Shotokan), Naifanchi Sandan (Wado), Sanchin (Uechi), Higaonna no Sanchin (Goju), Miyagi no Sanchin (Goju), Sanchin moderne (Goju, Shito), Seisan (Uechi), Seisan (Shito), Seisan (Goju), Hangetsu, Seishan (Wado), Saifa, Seienchin, Shisochin, Sanseru (Shito), Sanseru (Goju), Kururunfa (Shito), Kururunfa (Goju), Seipai (Shito), Seipai (Goju), Suparimpai (Shito), Suparimpei (Goju), Unshu (Shito), Unsu (Shotokan), Niseishi, Nijushiho, Otsuka no Niseishi, Suzuki no Niseishi, Aragaki no Sochin (Shito), Sochin (Shotokan), Useishi (*Gojushiho*), Gojushiho (Shito), Gojushiho Dai, Gojushiho Sho, Chinte (Shito), Chinte (Shotokan), Jiin (Shito), Jiin (Shotokan), Chibana no Jion (Kobayashi), Jion (Shito), Jion (Shotokan), Jion (Wado), Jitte (Shito), Jitte (Shotokan), Mastumura no Rohai (Shito), Itosu no Rohai Shodan, Itosu no Rohai Nidan, Itosu no Rohai Sandan[22], Meiko (Shotokan), Rohai (Wado), Wankan (Shito), Wankan (Shotokan), Wanshu (Matsubayashi), Tomari no Wanshu (Shito), Wanshu (Shito), Empi (Shotokan), Wanshu (Wado), Kyan Tomari no Chinto (Matsubayashi), Matsumura no Chinto (Shito), Gankaku (Shotokan), Chinto (Wado), Tensho, Ananko (Matsubayashi), Juroku, Aoyagi, Miojo, Shinpa, Ishimine no Bassai (Shito), Shihozuki Shodan-Nidan-Sandan-Yodan-Godan-Rokkudan (Shito), Taikyoku Shodan-Nidan-Sandan (Shotokan), Ten no Kata (Shotokan), Pinan/Heian Shodan-Nidan-Sandan-Yodan-Godan (Shito, Wado, Shotokan), Fukyugata 1 et 2 (Matsubayashi), Gekisai Dai Ichi (Wado), Gekisai Dai Ni (Wado), Shinsei no Ichi (Shito), Shinsei no Ni (Shito), Hakucho (*Okinawa*), Hakakku (Shito), Hafa (Shito), Happoren/Paporen (*Japon*), Happoren/Paporen (*Okinawa*), Nipaipo (Shito), Wanduan (*Okinawa*), Heiku (Ryuei), Paiku (Ryuei), Anan (Ryuei), Pachu (Ryuei).

CAMPS Hermenegildo, *Tratado Completo de Karate, Adaptado a Todos Los Estilos y Escuelas*, Barcelona, Alas, 6e édition, 2001 (224 p.).

Ouvrage général

[22] Le nom du kata Matsumora Rohai est en référence à son créateur probable Kosaku Matsumora (1829-1898) de Tomari ; il est différent du kata Rohai du style Shuri-Té transmis par Anko Itosu. C'est ce kata qui a été scindé en trois : Rohai Shodan, Nidan et Sandan.

CAPETILLO BLANCO Manuel, *Los Juegos en las clases de Karate*, Barcelona, Alas, 2012 (138 p.).

Style/École : Shito Ryu

CAPETILLO BLANCO Manuel, *Kumite*, Barcelona, Alas, 2010 (184 p.).

Style/École : Shito Ryu

CASEY Denis, *Shito Ryu Shukokai Union UK, Yamada-Ha Shito Ryu Shukokai Karate-do, Members Handbook & Grading Syllabus*.

CASTILONIA Raymond Richard, *Nuggets in the Ground: A Beginner's Guide to Aoinagi Karate*, International University Line, 1996 (173 p.).

Style/École : Aoinagi [Aoyagi] Shito Ryu[23]

CEREZO Santiago, **GEA** Cristóbal, *Shito-Ryu Karate-do*, volume 1, Barcelona, Alas, 2011 (136 p.).

Style/École : Shito Kai (Yasunari Ishimi)
Katas (avec Bunkaïs) : 5 Pinan
Chronologie du Shito Ryu

CEREZO Santiago, **GEA** Cristóbal, *Shito-Ryu Karate-do*, volume 2, Barcelona, Alas, 2015 (178 p.).

Style/École : Shito Kai (Yasunari Ishimi)
Katas (avec Bunkaïs) : Sanchin, Tensho, Naifanchi Shodan, Juroku, Matsumura no Rohai, Bassai dai, Seienchin, Seisan, Chinto
Dojo kun

[23] Voir le site du style Aoinagi [Aoyagi], http://aoinagikenshukai.com/wp/ (dernière consultation : juillet 2019).

CHELLEW Andy, *The Pinan Katas of Shukokai and Shito Ryu Karate, an Illustrated Guide*, Lulu.com, 2017 (72 p.).

Katas : Shihozuki, 5 Pinan

CHIRINO, R., *Manual para el practicante del estilo Shito Ryu*, Instituto Superior de Cultura Física Manuel Fajardo Rivero, Ciudad de la Habana, 1996.

Ouvrage non publié

COWIE Michale, **DYSON** Robert, *A Short Hisory of Karate* (2012), Kenkyo-IIa Goju Karate Kempo Kai, 2016 (143 p.) : « Shito Ryu », p. 43-49.

DEMURA Fumio, *Fumio Demura's: Karate Weapons of Self-Defense: The Complete Edition*, Black Belt Communications, Collectors edition, 2016 (768 p.).

Style/École : Itosukai (Ruysho Sakagami) ; Genbu Kai

DEMURA Fumio, *Fumio Demura: My Story*, by Fumio Demura as told to Susan Nakamura, 2018 (120 p.).

Style/École : Itosukai (Ruysho Sakagami) ; Genbu Kai

DEMURA Fumio, *Shito Ryu Karate*, Burbank, California, Ohara Publications, 1971 (96 p.).

Style/École : Itosukai (Ruysho Sakagami) ; Genbu Kai
Histoire du karaté
Descriptif des techniques de pieds, poings, positions, blocages

DIAZ PORTILLO Francisco, *Karate Para Todos* (Práctica del estilo Shito Ryu, Posiciones de defensa y ataque, Técnicas de Katas y Kumite) (en espagnol), collection *En Forma*, Libsa Editorial S.A., 2011 (192 p.).

Style/École : Shito Ryu
Katas (sans Bunkaï) : 5 Pinan, Juroku, Bassai Dai, Rohai, Kururunfa

DIDIER Francis, *Karaté-do, l'esprit guerrier*, Boulogne-Billancourt, Sedirep, 1985-88 (168 p.).

Ouvrage général

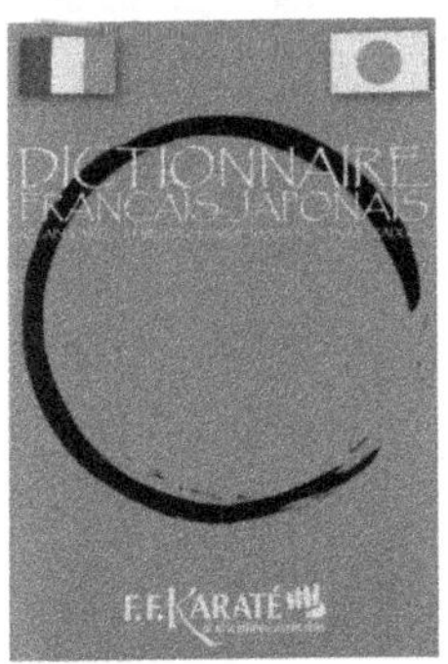

DEVINEAU Serge, *Dictionnaire Français-Japonais, vocabulaire - termes techniques karaté - Kanjis traduits*, Paris, Fédération Française de Karaté et des disciplines associées, Jouve, Paris, 2008 (254 p.).

Ouvrage général

ENDRIAS Geri T, *Kita Kase Bujutsu Kai - Student and Instructors Guide*, 1995 (73 p., 13 p.).

Style/École : Kita Kase Bujutsu Kai (issu de Choki Motobu et Kenwa Mabuni)

FERNÁNDEZ-CID Ramón, *Estudio sobre del Qi: la respiracion en el kata Sanchin* (en espagnol), 2004 (24 p.).

Style/École : Shito Ryu

FERNÁNDEZ-CID Ramón, *Estudio sobre del kata Sanchin (parte II)* (en espagnol), 2005 (24 p.).

Style/École : Shito Ryu

FERNÁNDEZ-CID Ramón, *Las Bases del Estilo Shito Ryu*, estudio realizado para la Federación Madrileña de Karate, 2003 (21 p.).

Style/École : Shito Ryu

FRAGUAS Jose M.[24], *Combat Karate*, Los Angeles, Empire Books, 2009 (345 p.).

Style/École : Shito Ryu

FRAGUAS Jose M., *Karate Masters – Volume 1*, édition révisée, Los Angeles, Empire Books, 2007 (2001) (350 p.).
La première édition de ce volume est disponible en français : Boulogne, Sedirep, 2005 (351 p.).

Style/École : Shito Ryu

Série de cinq ouvrages où sont collectés les interviews des principaux maîtres du karaté.

[24] Voir aussi du même auteur *Grappling Wisdom*, Empire Books, 2006 (208 p.).

Volume 2 (2006)

Volume 3 (2006)

Volume 4 (2010)

Volume 5 (2014)

FRAGUAS Jose M., *Karate Wisdom*, Los Angeles, Empire Books, 2006 (320 p.).

Style/École : Shito Ryu

FRAGUAS Jose Maria, *Shito Ryu Karate do, Katas Superiores* (en espagnol), Madrid, Esteban Sanz Martinez, 1984 (180 p.).

Style/École : Shito Ryu
Katas : Matsukaze, Bassai Dai, Niseishi, Rohai, Seienchin, Sochin, Seipai

FRAGUAS Jose M., *Shito Ryu Masters* (en anglais), Los Angeles, Empire Book, 2017 (308 p.).

Avec les interviews de :
Rudy **CROSSWEL**, Del **SAITO**, Fumio **DEMURA**, Teruo **HAYASHI**, James **HERNDON**, Yoshimi **INOUE**, Yashunari **ISHIMI**, Genzo **IWATA**, Sanauov **JASTALAP**, Chuzo **KOTAKA**, Kenei **MABUNI**, Kenzo **MABUNI**, Minobu **MIKI**, Akio **MINAKAMI**, Seinosuke **MITSUYA**, Kunio **MIYAKE**, Sam **MOLEDZKI**, Kunio **MURAYAMA**, Hidetoshi **NAKAHASHI**, Yoshinao **NANBU**, Yuishi **NEGISHI**, Ted **RABINO**, Ryusho **SAKAGAMI**, Sadaaki **SAKAGAMI**, Shoko **SATO**, Shigeru **SAWABE**, George **TAN**, Katsutaka **TANAKA**, Allen **TANZADEH**, Keiji **TOMIYAMA**, Eric **TOMLINSON**, Tamas **WEBER**, Jose M. **FRAGUAS**.

FUNAKOSHI Gichin **[livre 01a]**, *To-Te Jutsu - L'art du poing d'Okinawa* (1922), traduit du japonais par Shingo Ishida, Noisy-sur-École, Budo, 2009 (320 p.).

Karate Jutsu - La Bible du Karate-do **[livre 01b]** (1925), traduit du japonais par John Teramoto, Budo, 2001 (203 p.).

Première publication sous le titre *Ryukyu Kempo Toudi / Karate*, 1922 ; deuxième édition revue et augmentée sous le titre *Rentan Goshin Toudi Jutsu / Karate*, 1925.

Katas : 5 Pinan (Heian), Naifanchi Shodan/Nidan/Sandan, Kosokun (Kanku Dai), Seisan (Hangetsu), Passai (Bassai Dai), Wanshu (Empi), Chinto, Jitte, Jion.

FUNAKOSHI Gichin **[livre 02]**, *Karate-do Kyohan* (*Méthode d'enseignement du Karaté-do*, 1935)[25], traduit du japonais par Tsutomu Ohshima, Noisy-sur-École, Budo, 2007 (262 p.).

Style/École : Shotokan

FUNAKOSHI Gichin **[livre 03]**, *Les 20 Préceptes directeurs du karaté-do - Le legs spirituel du maître* (*Karate-do Nijukkajo To Sono Kai Shaku*, 1938), commenté par Genwa Nakasone, traduit du japonais par John Teramoto, traduit de l'anglais par Alex Fedo, Noisy-sur-École, Budo, 3e éditition, 2015 (128 p.).

FUNAKOSHI Gichin **[livre 04]**, *Karate-do Nyumon* (*Introduction au Karaté-do* 1943) - *L'essence du karaté*, traduit du japonais par Richard Berger, traduit de l'américain par Josette Nickels-Grolier, Noisy-sur-École, Budo, 2000 (124 p.).

---

[25] Dans sa première version cet ouvrage s'appelait *Rentan Goshin Karate Jutsu*.

FUNAKOSHI Gichin **[livre 05]**, *Karaté-do ma Voie, ma Vie - Autobiographie du père du karaté japonais* (*Karate Do Ichiro*, 1956[26]), traduit de l'anglais par Valérie Melin, Noisy-sur-École, Budo, 2007 (160 p.).

- Édition originale de 1956 (212 p.) ;

- Réédition de 1976 (221 p.) ;

- Nouvelle édition, 2004 : 愛蔵版 空手道一路, ISBN 9784947667700 (358 p.)[27].

GABOR Kurdi, *Hayashi-Ha Shito Ryu Karate* (en hongrois), Budapest, Vince, 2003 (208 p.).

Style/École : Hayashi-Ha Shito Ryu

GARCIA Luis Alberto, *Karate Do Shito Ryu* (1998), Madrid, Multideporte Libro, 2005 (172 p.).

Katas : 5 Pinan, Juroku, Bassai Dai, Rohai, Sanchin, Seienchin

[26] Gichin Funakoshi est décédé en 1957.

[27] Le reprint de l'édition originale contient bien plus de documents que les traductions française ou anglaise (de nombreuses photographies et des articles de Konishi et Mabuni).

GARCIA ESPADA Luis Alberto, *Shito Ryu Karate do : historia, filosofía, katas y mtc*, libro n° 2, Egartorre, 2008 (196 p.).

Histoire du karaté et du style Shito Ryu, philosophie, médecine chinoise
Kumite, Atemi Jutsu, MTC, Filosofía, Zen, Tenshin Happo, etc.
Katas : Shinsei, Shinpa, Juroku, Shiho Kosokun, Matsukaze, Aoyagi, Myojo, Hiji Ate Goho

GONELLA Roberto, *« DO » Viaggio attraverso il Karate alla ricerca dell'antico To-de*, Shorinji-Go Ryu Karate-do, Versione 2.0.3, © Roberto Gonella, 2003-2004 (464 p.).

Style/École : Shorinji-Go Ryu
Histoire du Karaté et du style Shorinji-Go Ryu (descriptif des styles, Bubishi, index, bibliographie, etc.) et technique (Kihon, Kumite)

Katas (avec des versions Koshiki) : 5 Pinan (« standard » et Shorin), 3 Naifanchi (Koshiki), Tensho, Gekisai Ichi, Gekisai Ni, Anan, Ananko, chinte, Chinto (Koshiki, Gankaku), Hakucho, Hakufa, Hakusturu, Happoren, Heiku, Jiin, Jion, Jitte, Kururunfa, Kushanku (Kunyoshi, Itosu, Kanku Dai, Funakoshi, Miyagi), Niseishi (Nijushiho), Paiku, Passai (Tomari no Passai, Bassai Dai, Bassai Sho, Matsumura no Passai, Chibana no Passai), Rohai (Matsumura – Meikyo), Saifa, Sanchin (Uechi Ryu, Goju Ryu), Sanseiru, Seienchin, Seipai, Sesan (Uechi, Goju Ryu, Seidokan, Hangetsu), Shisochin, Sochin (Aragaki, Shotokan), Suparimpai, Unsu, Iseishi (Koshiki, Gojushi Sho), Wanduan, Wankan (Koshiki, Shotokan), Wanshu (Koshiki, Empi).

GORBYLYOV Alexey (**ГОРБЫЛЁВ** Алексей), *L'instauration du Karaté Shito Ryu* (Становление Сито-рю каратэдо) (en russe), *étude de l'histoire du karaté* (*исследования по истории каратэ*), *volume 2, chapitre 4*, Moscou, Будо-Спорт (Budo Sport), 2003 (268 p.) ISBN 5-901826-04-3.

Histoire du karaté Shito Ryu.
Katas : Sanchin (dessins de Mabuni), Seipai (par Kenwa Mabuni et Bunkaïs), Pinan Sandan (par Kenwa Mabuni et Bunkaïs), Sochin (par Kenwa Mabuni et Bunkaïs), Shinpa, Aoyagi, Juroku, Matsukaze

GREEN Thomas A., *Martial Arts of the World: An Encyclopedia*, 2 volumes, Santa Barbara, ABC-Clio, 2001 (894 p.).

Martial Arts of the World: An Encyclopedia of History and Innovation, 2 volumes, 2e édition (nouvelle organisation, environ 75% du texte est identique à la 1re édition), Santa Barbara, ABC-Clio, 2010 (663 p.)

Ouvrage général

GUTIERREZ MARTINEZ Francisco, *Karate - Un camino hacía uno mismo* (238 p.).

Style/École : Shito Ryu
Katas (avec Bunkaïs) : 5 Pinan, Shisochin, Kururunfa

GUTIERREZ R., **RUBIO** A., **PALAO** L.A., *Karate Shito Ryu – 5 katas superiores, Los puntos esotericos de triangulacion de Sanchin*, Barcelona, Alas, 1984 (112 p.).

Katas : Sanchin, Juroku, Kosokun Dai, Rohai, Seienchin

HABERSETZER Roland, *Wado-Goju-Shito Kata*, karaté-do kata, tome 2, collection *Encyclopédie des arts martiaux*, Paris, Amphora, 1997 (328 p.).

Kata (sans Bunkaï) :
- Wado Ryu : 5 Pinan, Bassai, Chinto, Jion, Kushanku, 3 Naifanchi, Niseishi, Seisan, Wanshu ;

- Goju Ryu : Sanchin, Gekisai Dai Ichi et Ni, Kururunfa, Saifa, Sanseiru, Seienchin, Seipai, Seisan Shisochin, Suparimpai, Tensho ;

- Shito Ryu : Shihozuki no Kata, 5 Pinan, Bassai, Gojushiho, Niseishi, Rohai.

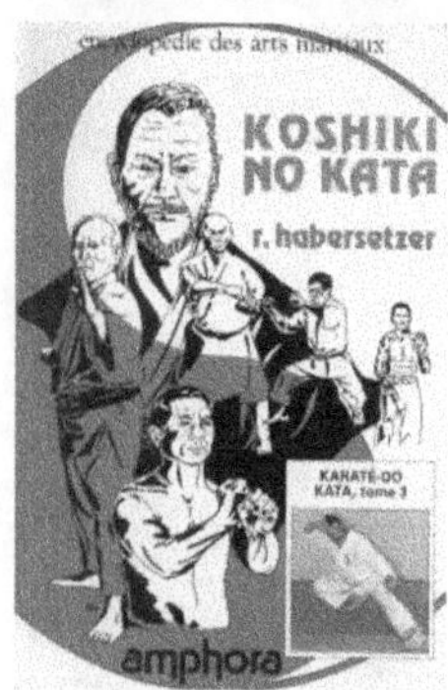

HABERSETZER Roland, *Koshiki No Kata* (les formes anciennes), karaté-do kata, tome 3, collection *Encyclopédie des arts martiaux*, Paris, Amphora, 1994 (304 p.).

29 Katas (sans Bunkaï) : 5 Pinan, 3 Naifanchi, Kushanku, Passai, Ananko, Wankan, Rohai, Wanchu, Chinto, Gojushiho, Itosu no Kushanku, Matsumura no Passai, Chibana no Passai, Matsumura no Chinto, Shiroma no Chinto, Aragaki no Sochin, Jion, Jitte, Chibana no Kushanku (Sho), Kanku sho, Sanchin, Seisan, Happoren no Kata.

HABERSETZER Roland, *Karaté pratique – du débutant à la ceinture noire*, Noisy-sur-École, Budo, 2017 (480 p.)[28].

Ouvrage général (basé sur le style Shotokan)

[28] Ce manuel pédagogique est axé sur le Shotokan classique. Certainement un des plus importants actuellement publié en France avec un contenu systématique, richement documenté, comme souvent chez cet auteur incontournable. Par sa méthode et sa présentation, il doit être mis en parallèle avec l'ouvrage d'Allen Tanzadeh (2015/18).

HABERSETZER Gabrielle et **HABERSETZER** Roland, *L'ultime encyclopédie des arts martiaux de l'Extrême-Orient*, Amphora, 2019 (1100 p.). Précédente édition publiée sous le titre (*Nouvelle*) *Encyclopédie des arts martiaux de l'Extrême Orient*, Paris, Amphora, 6e édition, 2014 (1024 p.).

Ouvrage général

HALL, David A., *Encyclopedia of Japanese Martial Arts*, Kodansha International; 2013 (684 p.).

Ouvrage général

HASE Yoshikatsu (義勝 長谷), *Introduction illustrée au Karate-do* (*Seido Karate-do Nyumon, Shashin Zukai*), Osaka, Bunshindo, 1961 (182 p.).

Style/École : Shito Ryu

Makiwara, Ippon Kumite, les parties du corps, les différents types de frappes, etc.

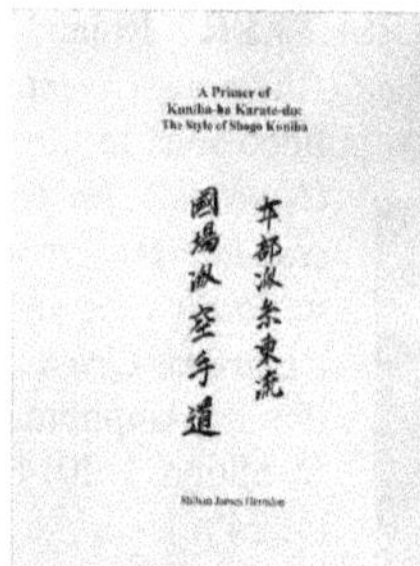

HERNDON James, *A Primer of Kuniba-Ha Karate-do: The Style of Shogo Kuniba* (1984), USA, Kosho Publications, 2009 (198 p.).

Style/École : Motobu-Ha Shito Ryu, Kuniba-Ha Karaté-do[29]

HERRAIZ Salvador[30], **CONDE** Pedro, **TUCCI** Alfredo, **WARRENER** Don, **ARGYRIADIS** Kostas, **MIMOUM** Boulahfa, *Les grands maîtres du Karaté-do et la tradition d'Okinawa*, Budo International, 2008 (256 p.).

Ouvrage général

HIGAKI Gennosuke, *Hidden Karate – The True Bunkai For The Heian Katas and Naihanchi*, Tokyo, Champ, 2006 (248 p.).

[29] Le successeur de Choki Motobu fut Kosei Kokuba. Le fils de ce dernier, Shogo Kuniba, fut élève de Kenwa Mabuni et créa le Motobu-Ha Shito Ryu : il fut donc à la fois le premier Soke de cette nouvelle branche du Shito Ryu et, au décès de son père, le troisième Soke du Motobu-Ha Karaté-do.

[30] Voir aussi du même auteur *Do : El Espíritu del Karate, Historia y Filosofia de los Grandes Maestros*, Alas, 1991 (149 p.).

IWATA Manzo (岩田 万蔵), *Shito Ryu Karate – Karaté-do* (糸東流空手), Seibido Sport Series (成美堂出版), Tokyo, 1984 (190 p.).

Style/École : Shito Ryu
Katas (avec Bunkaïs) : Bassai Dai, Wanshu, Rohai, etc.

JACOB Rob, *Martial Arts – Biographies: An Annotated Bibliography*, New York Lincoln Shangai, iUniverse, Inc., 2005 (106 p.).

Ouvrage général

JONES Carl, *Shukokai Karate, The Basic Handbook.*

Style/École : Shukokai

KASSIS Con, *Shito Ryu Karate-do, direct disciple to Mabuni Kenei* (anglais, grec), 2018 (140 p.).

Style/École : Shito Ryu
Katas (avec Bunkaïs) : Suparimpai (par Kenei Mabuni), 5 Pinan, Juroku, Aoyagi, Shinpa, Sochin

KNIGHTON Stan, *Shukokai Karate Kata Pinan*, privately published, 1995 (56 p.).

Style/École : Shukokai

KOZAK Andrzej, *Karate-do - Podręcznik dla osób uprawiających Karate-do Shito-ryu* (*Manuel pour les pratiquants de Karaté-do Shito Ryu*) (en polonais), 4e édition, Warszawa, 2012 (33 p.).

LATORRE Jesús, *Karate Shito Kai, katas superiores*, volume 1 (espagnol-anglais), Asociación de Karate Shito Kai Sierra del Guardarrama, 2002 (160 p.).

Style/École : Shito Kai)
Katas (sans Bunkaï) : Bassai dai, Bassai sho, Ishimine no Bassai, Matsumura no Bassai, Tomari no Bassai, Oyadomari no Passai
Glossaire

LATORRE Jesús, *Karate Shito Kai, katas y Kihon*, volume 2 (espagnol-anglais), Asociación de Karate Shito Kai Sierra del Guardarrama, 2003 (176 p.).

Style/École : Shito Kai
Descriptif des techniques de pieds, poings, positions, blocages
Katas (sans Bunkaï) : 5 Pinan
Liste des katas

LATORRE Jesús, *Karate Shito Kai, katas, Kihon, Bunkai, Yakusoku Kumite*, volume 3 (espagnol-anglais), Asociación de Karate Shito Kai Sierra del Guardarrama, 2013 (357 p.).

Style/École : Shito Kai
Katas : 5 Pinan, Juroku, Matsumora no Rohai, Kosokun Dai, Bassai Dai, Seipai, Seienchin

LE REST Pascal, *Le karatéka et sa tribu, Mythes et réalités*, préface de Jean-Jacques Dutrieux, Paris, L'Harmattan, 2001 (246 p.). Ouvrage issu de la thèse de doctorat *Le karaté de Maître Kamohara : ethnologie d'un groupe de karatékas de la ville de Chartres entre 1990 et 1996*, 1996 (1209 p.), publiée aux Presses Universitaires du Septentrion, Lille, 1998.

Style/École : Shito Ryu Shukokai Gishinkan

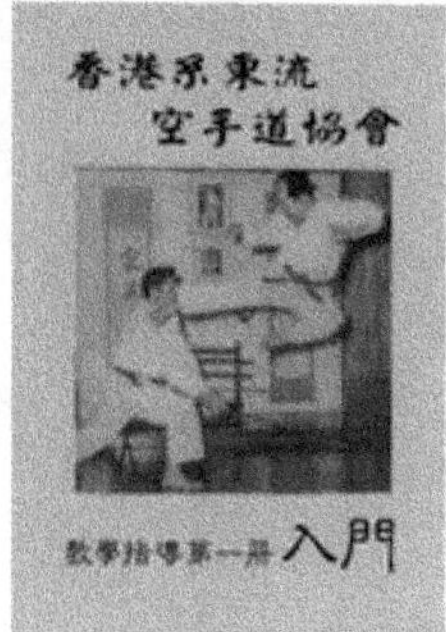

LEUNG Patrick, *Shito Ryu Karatedo Volume 1* (en chinois).

Définition du karaté et du style Shito Ryu
Vocabulaire
Descriptif des techniques de pieds, poings, positions, blocages
Uke-No-Go-Genri, Tenpo-Go-Soku, Tenshin Happo, physical test marking scheme, Dani, etc.
Katas : Heian Godan, Bassai Dai, Seienchin

LEUNG Patrick, *Shito Ryu Karatedo Volume 3A* (en chinois).

Katas : Heian Shodan, Heian Nidan, Heian Sandan, Heian Yodan, Heian Godan, Bassai Dai, Seienchin

LEUNG Patrick, *Shito Ryu Karatedo Volume 3 (*en chinois).

Bunkaïs additionnels pour : Heian Shodan, Heian Nidan, Heian Sandan, Heian Yodan, Heian Godan

LEUNG Patrick, *Shito Ryu Karatedo Volume 4* (en chinois).

Katas : Sanchin,Tensho

LEWIS R. Allen, *Karate Kata Nipaipo - A Study of Structure and Application of the Kata Nipaipo* (*A Focused step-by-step study of structure and the essence of technique application within kata Nipaipo*), 2012 (95 p.).

LOMBARDO Patrick, *Encyclopédie mondiale des arts martiaux (LA Référence sur toute les Disciplines)*, 2e édition, Paris, Européenne de Magazines, 2006 (592 p.).

Ouvrage général

LOUIS Frédéric, *Dictionnaire des arts martiaux* (1988), Paris, Félin, 1993 (360 p.).

A Dictionary of the Martial Arts (1991), traduction anglaise de Paul Crompton, Dover, 2005 (276 p.).

Ouvrage général

MABUNI Kenei [livre 1], *Karate-do* (空手道, 1965), Tokyo, Airyudo, 15 avril 1976 (352 p.).

Katas (avec Bunkaïs) : 5 Pinan, Bassai Dai, Juroku, Seipai, Seienchin

MABUNI Kenei [livre 2], *Karate-do Kyohan* (空手道教範, *Méthode d'enseignement du Karaté-do*, 1977), Tokyo, Airyudo, 1980 (247 p.).

MABUNI Kenei [livre 3], *Tecnicas de karate* (*テクニック空手*, *Techniques du karaté*), traduit du japonais en espagnol par Tomoko Takeuchi et Juan Antonio Bish Lorenzo, Madrid, Polen, 1983 (210 p.). Première édition japonaise, Tokyo, Airyudo, 1979 (269 p.).

Histoire du karaté et les principes du Shito Ryu
Liste des katas
Descriptif des techniques de pieds, poings, positions, blocages

Katas (avec Bunkaïs) : Hihi Ate Goho, 5 Pinan, Bassai dai

MABUNI Kenei [livre 4], *Karaté-do Shito Ryu*, assisté de Hidetoshi Nakahashi, Boulogne, Sedirep, 1989/2002 (200 p.).
Histoire du karaté et du Shito Ryu
Kenwa Mabuni : traduction française de l'ouvrage « Karate Kempo » par Kenji Tokitsu (p. 41-87).

Bubishi
Katas (avec Bunkaïs) : Gojushiho, Nipaipo, Niseishi, Sanchin (Kenwa Mabuni), Seienchin (Kenwa Mabuni), Seipai (Kenwa Mabuni)

MABUNI Kenei [livre 5], *Karaté-do traditionnel Shito Ryu*, assisté de Hidetoshi Nakahashi, Boulogne, Sedirep, 1995 (156 p.).

Histoire et les principes du Shito Ryu
Mémoires d'Anko Itosu
5 déplacements (ashi)
Sens et valeur des katas
Katas (sans Bunkaï) : Jiin, Jion, Jitte, Juroku, Naifanchi Shodan - Nidan & Sandan, Rohai Shodan - Nidan & Sandan, Shinpa, Sochin

MABUNI Kenei [livre 6], *Shito Ryu Karaté-do*, assisté de Con Kassis, Victoria, Australia, Dominie Press, 1997 (133 p.).

Histoire du karaté et du Shito Ryu
Descriptif des techniques de pieds, poings, positions, blocages
Tenshi-Happo
Katas (Bunkaïs partiels) : Hiji Ate Goho, Nipaipo, Suparimpai, Gojushiho, Chatanyara no Kushanku (Chatanyara no Kosokun), Unshu, Seienchin, Bassai-dai
Pinan Nidan (dessins, archives de la famille Mabuni)

MABUNI Kenei / **YOKOYAMA** Masahiko [livre 7][31], *La voie de la main nue, initiation et karaté-do* (*Budo Karate-do He No Shutai*, 2001, 273 p.), préface de Bruno Etienne, traduit du japonais par Masaaki Suzuki, Paris, Dervy 2004 (338 p.).

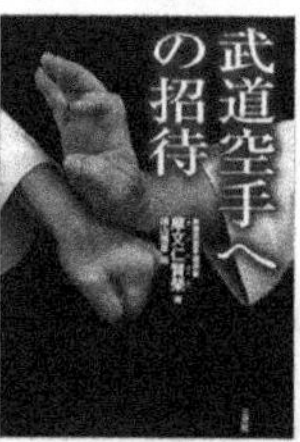

[31] La traduction française de l'ouvrage rédigé par Yokoyama à partir des propos recueillis auprès de Mabuni ne reprend pas toutes les photographies présentes dans l'édition anglaise.

MABUNI Kenzo [KM. 01 ?], *Syllabus of Shito Ryu Karate-do*, Nippon Karate Do Kai, version anglaise (14 p.), version japonaise (17 p.).

www.seitoshitoryu.com/data/syllabus/Syllabus_English.pdf
www.seitoshitoryu.com/data/syllabus/Syllabus_Japanese.pdf

MABUNI Kenwa [KM. 02], *Karate Jutsu* (*Les techniques du Karaté*), vers 1933.

Ouvrage non trouvé

MABUNI Kenwa [KM. 03], *Karate Kempo: The Art of Self-defense* (*Kobo Jizai Goshin Jutsu Karate Kempo*), première édition japonaise, Osaka, 5 mars 1934 (153 p.)[32]. Traduction du japonais en anglais par Mario McKenna (avec commentaires), Vancouver, Mario McKenna ©, 2002 (114 p.) et par Michael

Robinson sous le titre *Karatedo Kempo*, Shorei-Ha Publication, New York, 2007 (194 p.).

Histoire du karaté, principes du Shito Ryu Katas (avec Bunkaïs) : Sanchin, Seienchin

[32] Ouvrage traduit en russe par Alexey Gorbylyov.

MABUNI Kenwa [KM. 04], *The Study of Seipai: The Secret of Self-defense Karate Kempo* (*Seipai no Kenkyu Goshin Jutsu Hiden Karate Kempo*), traduction de la première édition du 8 octobre 1934 du japonais en anglais par Mario McKenna (avec commentaires), Vancouver, Mario McKenna ©, 2003 (168 p.).

Seconde édition, 25 octobre 1934, sous le titre *Kobo Jizai Karate-do Kempo Seipai no Kenkyu* (*L'étude de Seipai, l'art du karaté kempo efficace pour l'attaque et la défense*) (176 p.)[33].

Histoire du karaté, principes du Shito Ryu, Bubishi
Katas (avec Bunkaïs) : Seipai

MABUNI Kenwa, **NAKASONE** Genwa [KM. 05], *Invitacion al Karate-do* (*Karate-do Nyumon, Introduction au Karaté-do*), traduction du japonais en espagnol de la première édition par Toshiro Yamaguchi et Roberto Diez, Madrid, Miraguano, 2002 (208 p.).

Première édition japonaise, 10 octobre 1935, reprint 1996 ;

Seconde édition, 25 mars 1938[34].

Listes des katas
Katas : étude de Pinan Nidan et Sandan

McCARTHY Patrick, *Classical Kata of Okinawan Karate*, Burbank, California, Ohara Publications, 1987 (256 p.).

Katas (sans Bunkaï) : Pinan Nidan, Naifanchi Shodan, Seisan, Chinto, Patsai, Kusanku, Matsumura Rohai, Wanshu, Wanduan, Wankan, Ananko.

[33] Ouvrage également traduit en russe par Alexey Gorbylyov et en chinois.
[34] La seconde édition a été traduite en russe par Alexey Gorbylyov.

McCARTHY Patrick, *Bubishi*, Boston, Rutland, Vermont, Tokyo, Tuttle publishing, 1995 (214 p.).

Ouvrage général

McCARTHY Patrick, *Ancient Okinawan Martial Arts: Koryu Uchinadi,* volume 2, compiled and translated by Patrick and Yuriko McCarthy, Boston, Tuttle, 1999 (133 p.) :
« Standing on The Shoulders of Giants: The Mabuni Kenwa Story » (p. 1-38).

International Ryukyu Karate Research Society, 1994 (31 p.).

MARTIN J., *Karate do, Escuela : Shito-Riu,* Madrid, Doble-R, 1980 (80 p.).

Style/École : Shito Ryu
Katas (sans Bunkaï) : 5 Pinan
Histoire du karaté

MARTIN Jose Maria « Mabuni », *Pinan Kata & Bunkai - Shito Ryu Kata*, Budo International, 2011 (147 p.).

Style/École : Hayashi-Ha Shito Ryu
Katas (avec Bunkaïs) : 5 Pinan

MARTINEZ SERRANO Jose Fernando, *La Huella del Karate-do, Alerta y vigilia*, Librerias Deportivas Esteban Sanz S.L., 2009 (124 p.).

Style/École : Shito Ryu
Histoire du karaté et du style Shito Ryu
Katas (avec Bunkaïs) : 5 Pinan, Bassai Dai, Gojushiho, Seienchin, Seipai, Sanseru

MARTOS Alonso Hernandez, *Técnicas y Katas*, Madrid, Polen, 1984 (168 p.).

Descriptif des techniques de pieds, poings, positions, blocages et l'exécution des katas
Katas :
- Dai-dosas (Ichi, Ni, San, Yon)
- 5 Pinan, Ananko, Jitte
- 5 Toitsu katas Heian : Heian Shodan (kata Pinan Shodan), Heian Nidan (kata Pinan Nidan), Heian Sandan, Yodan, Godan

MAYORAL SANCHEZ, Francisco[35], *Karate do Shito Ryu, técnicas de ataque y defensa - Areas de golpeo y defensa*, Madrid, Multideporte Libros, 1996 (176 p.).

Descriptif des techniques de pieds, poings, positions, blocages

MIKI Minobu, *Karate Shito Ryu - Advanced katas*, Burbank, Unique Publications, 2004 (160 p.).
ISBN10 : 0865681929 - ISBN13 : 9780865681927

Style/École : Seito Shito Ryu puis Japan Karate-Do organization
Démonstration de plusieurs katas par Minobu Miki (certains katas n'ont jamais été publiés)
Histoire et philosophie du Shito Ryu

MITSUYA Seinosuke, *Karaté-do Kata, Hayashi-Ha Shito Ryu - Shorin Shorei*, (français-anglais-allemand-italien), Paris, Guy Trédaniel, 2000 (176 p.).

Style/École : Hayashi ha Shito Ryu ; Kenshin Ryu Kai
Histoire du style Hayashi
Katas (sans Bunkaï) : 5 Pinan, Jitte, Bassai dai, Seienchin, Rohai (Matsumora), Nipaipo

[35] Voir aussi ses deux articles sur les katas de Kenwa Mabuni et le salut (http://www.rincondeldo.com/?s=mayoral, dernière consultation : août 2019).

MITSUYA Seinosuke, *Karate Shito Ryu* (italien), Accaddemia Sportiva Nippon (140 p.).

Style/École : Hayashi ha Shito Ryu

MIYAKE Kunio, **FRAGUAS** Jose Maria, *Karate Winning Kumite*, Empire Books, Los Angeles, 2006 (196 p.).

Style/École : Shukokai

MOLEDZKI Sam, *My Way of Kobudo (Okinawan/Japanese), Kobudo, Sei-Nen, Renshu-Kai*, book one, FriesenPress, 2015 (360 p.).

Style/École : Shitokai

MORRIS Thomas M., *Shukokai Karate Kata*, London, Crompton, 1982 (146 p.).

Style/École : Shukokai

Katas (avec Bunkaïs) : 5 Pinan, Saifa, Kururunfa, Seipai, Ananko, Jiin, Bassai Dai, Tensho, Seienchin, Matsukaze, Sochin, Seiryu [Aoyagi], Shiho Kosokun.

MORRIS Tommy, *Karate The Complete Course – A Step-by-step guide from first move to first competition*, Enfield, Guinness, 1987 (160 p.).

Style/École : Shukokai

Karate - vom Schüler zum Meister, traduction de Mike O'Neill et Russ Tulburg, Berlin, Sportverlag, 1993 (160 p.).

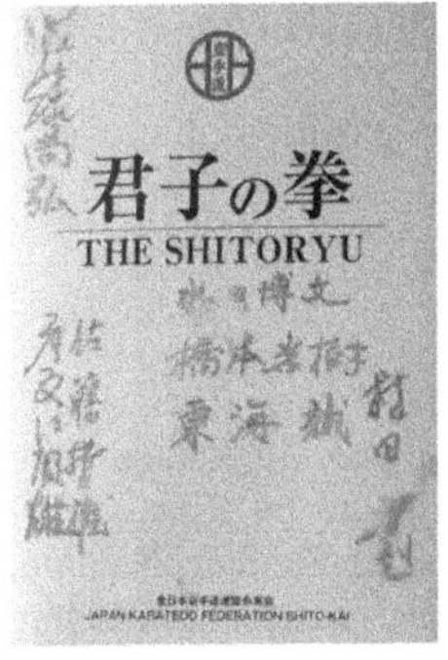

MURATA Hiroshi (introduction), *The Shitoryu* (anglais, japonais), Japan Karatedo Federation Shito Kai, 2013 (98 p.).

Avec Kenji SATO (selon Tanzadeh)

NAKAHASHI Hidetoshi, *Shito Ryu Karaté-do* (français, anglais, espagnol), Boulogne, Sedirep, 1985 (184 p.) :

Descriptif des techniques de pieds, poings, positions, blocages
Listes katas
lexique
Katas (avec Bunkaïs) : 5 Pinan, Kosokundai, Bassai Dai, Seienchin, Kururunfa, Tensho

NAKAHASHI Hidetoshi, *Karaté-do Shito Ryu : La Voie de la Tradition,* avec Kenei Mabuni, Daniel Céron et Claude Corse, collection *Les grands maîtres*, Paris, EM, 2006 (112 p.).

Histoire et témoignage
Lexique
Katas (avec Bunkaïs) : 5 Pinan, Naifanchi Shodan, Seienshin, Hafa

NAKAHASHI Hidetoshi, *Tradition Shito Ryu Karaté* (français, anglais, russe), Moscou, Converse 2003 (414 p.).

Descriptif des techniques de pieds, poings, positions, blocages
Listes katas
Histoire et préceptes du style Shito Ryu
Oyo Bunkaï Tanto Tori

29 Katas (avec Bunkaïs) : Hiji Ate Goho, Aoyagi, Bassai Sho, Chatanyara no Kushanku, Chintei, Chinto, Gojushiho, Jiin, Jion, Jitte, Juroku, Kosokun Sho, Matsumura no Rohai, Matsumura no Bassai, Naifanchi Shodan-Nidan-Sandan, Nipaipo, Niseishi, Rohai Shodan, Sanchin, Seipai, Seisan, Shisochin, Sochin, Suparimpai, Tensho, Wankan, Wanshu.

NAKAHASHI Hidetoshi, *Shito Ryu Karaté-do katas supérieurs (29 katas traditionnels Shito Ryu)* (français, anglais), Noisy-sur-École, Budo, 2017 (400 p.).

Descriptif des techniques de pieds, poings, positions, blocages
Listes katas
Histoire et préceptes du style Shito Ryu

29 Katas (avec Bunkaïs) : Hiji Ate Goho, Aoyagi, Bassai Sho, Chatanyara no Kushanku, Chintei, Chinto, Gojushiho, Jiin, Jion, Jitte, Juroku, Kosokun Sho, Matsumura no Bassai, Matsumura no Rohai, Naifanchi Nidan-Shodan-Sandan, Nipaipo, Niseishi, Rohai Shodan, Sanchin, Seipai, Seisan, Shisochin, Sochin, Suparimpai, Tensho, Wankan (Matsukaze), Wanshu.

NAKASONE Genwa (仲宗根 源和), *Karate Kenkyu*, 空手研究 (*L'étude du Karaté*) (en japonais), 36 articles de différents auteurs (Funakoshi, Mabuni, etc.), 1934 (134 p.). Reprint, Ginowan, Yoju Shorin, 2003 et 2017 (140 p.).

Plusieurs articles courts de Kenwa Mabuni

NAKASONE Genwa, avec les contributions de Choshin Chibana, Gichin Funakoshi, Chomo Hanashiro, Kenwa Mabuni, Hironori Otsuka, Shinpan Shiroma et Shinken Taira, *An Overview of Karatedo* (*Karate-do Taikan*), 1935, 1938, réédité en 2017 (414 p.). Traduction de Mario McKenna, Kowakan Karatedo Ltd., 2009 (310 p.)[36].

Beaucoup d'illustrations
Histoire, technique et philosophie du karaté
Katas (avec Bunkaïs) : Jion (Hanashiro), Sochin (Mabuni), Passai (Chibana)

[36] Kenwa Mabuni a écrit le chapitre « Un aperçu du Kata Sochin selon Aragaki » (p. 20-29 et 237-259).

NANBU Yoshinao, *Le Karaté Sankukai*[37], collection sport, Montréal, Les Éditions de l'Homme, 1973 (240 p.).

Style/École : Shukokai (Chojiro Tani), puis Sankukai (Yoshinao Nanbu), puis Nanbudo

Histoire de Yoshinao Nanbu
Descriptif des techniques de pieds, poings, positions, blocages

Katas (Bunkaïs partiels) : Sanku Yondan et Shodan

NANBU Yoshinao, *Karaté par ceintures*, Judogi, 1974 (103 p.).

Style/École : Shukokai (Chojiro Tani), puis Sankukai (Yoshinao Nanbu), puis Nanbudo

NANBU Yoshinao, *Les katas de base de karaté*, Judogi, 1984 (94 p.).

Style/École : Shukokai (Chojiro Tani), puis Sankukai (Yoshinao Nanbu), puis Nanbudo
Katas (sans Bunkaï) : 5 Pinan, Jiin, Sanchin

[37] Pour le Sankukai voir aussi Claude Gentil, *5 Katas supérieurs*, Association Française de Karaté Sankukai, 1977.

OMI Naoki, **OKUBO** Hiroshi, **TOMIYAMA** Keiji, *Tani-Ha Shito Ryu Katas* (français, anglais), couverture par Sensei Y. Suzuki, pas de nom d'édition, 1982 (64 p.).

Style/École : Tani-Ha Shito Ryu / Shukokai (Kofukan)

Katas (sans Bunkaï) : 5 Pinan, Sanchin, Naifanchi Shodan, Juroku (Seiru), Gekisai Ichi, Tensho, Ananko, Matsukaze (Wankan), Jitte, Jiin, Saifa.

ORTEGA Jean-Marc, *Au delà du combat*, Paris, Guy Trédaniel, 1996 (324 p.).

Style/École : École Énergie (pour le karaté : Shito Ryu)
Clés, projections

Katas (avec Bunkaïs) : Matsukaze, Aragaki no Sochin, Gokyo (5 séries, combat au sol, Itori waza)[38]

PAL György, **SZABÓ** István, *Dento Shito Ryu Karate Do* (en hongrois), Szalprint Kft., 2015 (255 p.).

Histoire du Shito Ryu
Katas (avec Bunkaïs) : Hiji Ate Goho, Yotsu no Kata, 5 Pinan, Naifanchi Shodan, Bassai Dai, Jitte, Sanchin, Tensho, Seienchin, ,Myojo, Juroku.

[38] Ortéga est le seul à présenter le kata Gokyo. Très particulier puisqu'il se réalise au sol (voir sa vidéo de 1995, à 39 min). L'origine de ce kata est introuvable. Cette forme d'Itori Wasa (combat au sol) renoue, selon Ortéga, avec la pratique voulue initialement par Funakoshi et Otsuka.

QUAST Andreas, *Bibliography of Japanese Karate and Kobudo - From the First Karatebook to the 21st Century. More Than Six-hundred Most Important Sources*, auto-édité, 2013 (202 p.).

Ouvrage général

QUIROS MARTINEZ Juan Antonio, *Karate-do - Zanshin, Tomo I - Posiciones, Desplazamientos, Defensas* (en espagnol), Asociación Prensa Hispano Amer, 2002 (478 p.).

Style/École : Shito Ryu

QUIRÓS MARTINEZ Juan Antonio, *Tsuki Waza - Ataques Directos, Tomo II* (en espagnol), 2007 (272 p.).

Style/École : Shito Ryu

RUIZ DE CASTANEDA Eduardo, **VIDAL PARA** Luis, *Camino al Cinturon Negro* (41 p.).

Style/École : Kuninaga Kai
Histoire du karaté
Descriptif des techniques de pieds, poings, positions, blocages
Katas : 5 Pinan, Bassai Dai, Juroku, Seienchin

SAITO Del, *Karate-do, The Way of Shito Ryu*, Grants Pass, Oregon, 1991 (12 p., 120 p.).

Style/École : Seito Shito Ryu - International Karate Federation (IKF)
Kata (sans Bunkaï) : Pinan Shodan
Liste des katas (explication sur la pratique)
Histoire du karaté
Descriptif des techniques de pieds, poings, positions, blocages
Armes
Self-défense pour les femmes
Terminologie

SAKAGAMI Ryusho[39], *Itosu Karatedo Correspondence Course Textbook*, Tokyo, Kyusei, 1974.

Style/École : Itosu Kai

[39] Sakagami est aussi l'auteur de plusieurs ouvrages sur l'art du Kobudo : *Nunchaku and Sai: Ancient Okinawan Martial Arts* (Tokyo, Japan Publications, 1974) ; *The Basic Formal Exercise of Nunchaku-Series I* (Tokyo, Japon, 1969) ; *Sai of Tsukenshitahaku-Series II* (Tokyo, Japon 1969) ; *Tonfa of Hamahiga-Series III* (Tokyo, Japon 1972).

SAKAGAMI Ryusho, *Karate-do Taikan-Pinan* (japonais, anglais) (1974), Tokyo, Kyusei Inc, 1976 (126 p.).

Style/École : Itosu Kai

SAKAGAMI Ryusho, *The History of 50 Years of Itosu-kai*, ouvrage édité dans un cadre privé, 1992.
Avec les Interviews de Ryusho SAKAGAMI (3e Soke du Itosu-Kai), de Sadaaki SAKAGAMI (4e Soke) et de Hiroyuki MIURA (conseiller suprême du Itosu-Kai).

https://www.itosu-ryu.net/50th-anniversary-of-itosu-kai

SAKAGAMI Ryusho, *Karate-do Taikan 39 Kata* (japonais), Tokyo, Japan Karate Association, Nichibo-Shuppansh, 1976 (1996) (288 p.).

Style/École : Itosu Kai

SAKAOKA Noboru (坂丘 のぼる), *Le débutant en karaté - Le chemin vers la ceinture noire* (空手のタマゴ - 黒帯への道 ; Karate No Tamago - Kuro Obi He No Michi), Fukushodo Comic, Manga, volume 2 (Wado Ryu, Nippon Kempo, Shito Ryu, Ryu-kyu Kobujutsu), mai 2002 (314 p.).

SAKUMOTO Tsuguo, *All Kata of Ryuei Ryu Karate* (anglais, japonais), Chanp, Japon, 2009, édition révisée de 2017 (168 p.).

Style/École : Ryueiryu[40]
Katas (Bunkaï partiels) : Niseishi, Sanseiru, Seisan, Pachu, Heiku, Paiku, Anan

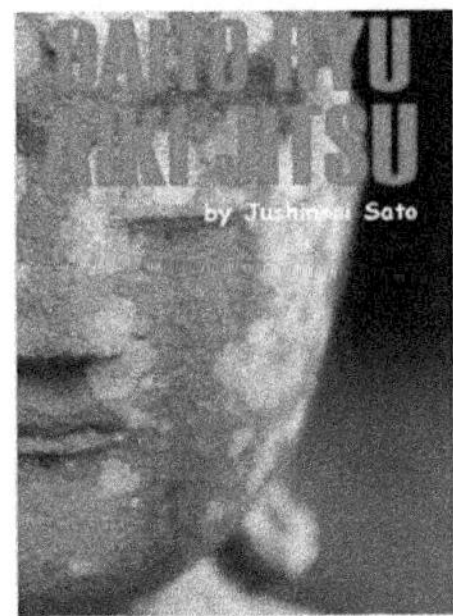

SATO Jushinsai (connu aussi sous le nom **SATO** Kiyoaki Kinbei), *Daito Ryu Aiki Jutsu* (*The Secret Teachings of Self-Defense Jujutsu of the Yamato School*, 1952, 170 p.), traduction anglaise de Tasuke Hagio, Hamilton, Master Publication, 2013 (252 p.).

Les illustrations du dernier chapitre (p. 152-170) sont basées sur le livre de Kenwa Mabuni *The Study of Seipai* (1934).

https://archive.org/details/SecretTeachingsOfSelfDefenseYamatoRyuJujutsuByJushinsaiSato

[40] Le style de Karaté okinawaïen Ryuei Ryu (d'origine chinoise) n'a pas de lien avec le Shito Ryu. Certains katas de cette école – Pachu, Heiku, Paiku, Anan – ont néanmoins été ajoutés au corpus de quelques branches du Shito Ryu traditionnel comme le Shukokai, le Kotaka-Ha Shito Ryu et le Hayashi-Ha Shito Ryu. Les écoles des frères Mabuni ne les pratiquent pas.

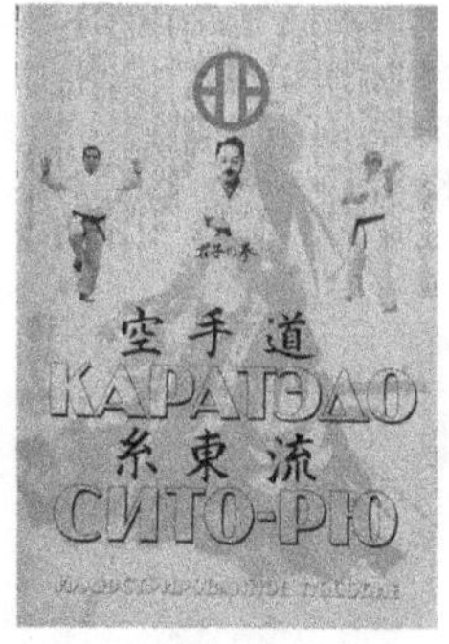

SATO Tetsuo (**MANZO** Iwata), *Каратэдо Сито-Рю, Иллюстрированное пособие* (*Karate-do Shito-Ryu, manuel illustré*), en russe, Moscou, 2000 (54 p.).

http://budokan.ru/library.php
http://budokan.ru/doc/eine_bebilderte_Anleitung_zur_karate-do_Shito_Ryu.pdf

SATORU Nino, **JUILLE** Guy[41], *Shito Ryu Karate Do - Techniques de base*, Boulogne, Sedirep, 1977 (128 p.).

Style/École : Motobu ha Shito Ryu (Hayashi ha Shito Ryu)
Histoire de l'école Hayashi
Descriptif des techniques de pieds, poings, positions, blocages
Projections (Nage Waza)

SCHLATT, *Encyclopédie du Karaté Shotokan*, Schlatt, traduction française, 2008 (240 p.). Éditon révisée et amplifiée, *Enzylopädiei des Shôtôkan-Karate*, 2016 (296 p.) et *The Dictionary of Shotokan Karate*, 2017 (296 p.).

Ouvrage général

[41] Voir aussi Guy Juille, *Les racines du karaté-do, école Shorin Ryu*, Budo, 2006 (518 p.).

SHIMABUKURO Masayuki, *Katsu Jin Ken - Living Karate - The Way to Self-Mastery, Nippon Karate-do Shito Ryu*, San Diego, JKI, 2007 (502 p.).

Style/École : Teruo Hayashi, Kenzo Mabuni (membre de la Kokusai Nippon Budo Kai, KNBK)

(jaquette et 1re de couverture de la même édition)

SHIOKAWA Hosho Terushige, *Shinden Shito Ryu Karate-do - Shiokawa Hosho no Bugei Gokuisho* (真伝糸東流空手道 : 塩川寶祥の武芸極意書), 2009 (288 p.).

Style/École : Shiokawa Shito Ryu
Katas : Matsukaze, Kusanku Dai, Bassai Dai, Seienchin, Rohai, Seipai, Seisan, Matsumora Bassai

SHIOKAWA Hosho Terushige (塩川　寶祥照成), *Méthode de Karate Shito Ryu* (糸東流空手道教範), Kitensha, 2014 (196 p.).

SPINATO Daniel Antonio, *De "Ankoh" Itosu a Ryusho Sakagami, Historia y Técnica del Japan Karate-Do Itosu Kai* (en espagnol), Editorial Utopias, 2005 (105 p.).

Style/École : Itosu Kai

SUTA Darryl, *Shito Ryu Karate*, 1983.

Tapuscrit référencé dans les archives d'Allen Tanzadeh.

Une vidéo produite par Suta est référencée à la *Library of Congress* sous le titre *Shito-Ryu karate kata* (30 min, 1983).

SZENASI Zsolt, *Shito Ryu - Egy igazi karate* (en hongrois), Magyar Shito Ryu Baráti Kör, Budapest, Shitokai Hungary, 1990 (86 p.).

TAN George, *Shito Ryu Karate-do, A Traditional Art of Self Defence*, Kuala Lumpur, éditions George Tan S. H., 2006 (136 p.).

Style/École : Shitokai

History
Karatedo Training Attitudes
Terminology
Tenshin Happo, Tenpo Gosoku, Uke no Gogenri
Kata (avec Bunkaïs) : Hiji Ate Goho, Tensho, Bassai Dai, Seienchin, Nipaipo, Matsumura No Rohai

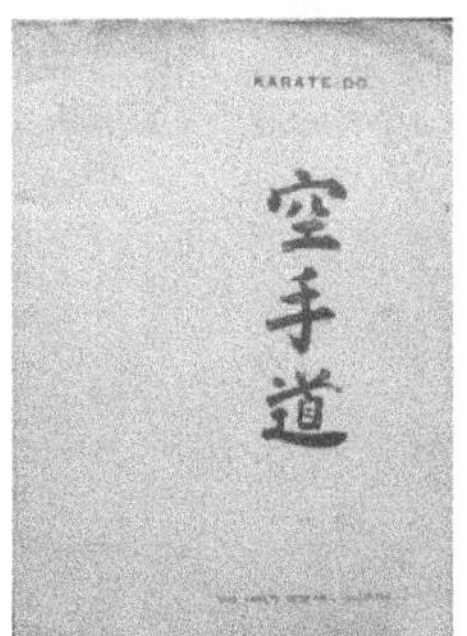

TANI Chojiro, *Karate-do*, Kobe - *Tani Karate Research Institute* (1969 ?), traduction anglaise de Tamio Tsuji, 1971 (?) (103 p.)[42].

Kata : 5 Pinan

TANZADEH Allen, *Dynamic Shito Ryu Karate* (2015), Toronto, Think Like A Champion, seconde édition revue et corrigée, 2018 (472 p.).

Style/École : Shitokai

Kata : Hiji Ate Go ho, 5 Heian, Juni no Kata 1 et 2, Juroku, Matsumora ha Rohai, Bassai Dai, Seienchin, Nipaipo.

[42] Écrit par un des derniers élèves de Kenwa Mabuni (et de Chojun Miyagi). Un des rares textes connus à décrire véritablement les spécificités du Shukokai.

TANZADEH Allen, *Karate and Moral Precepts* (en persan, Iran), 1989.

TANZADEH Allen, *Karate Kinematics and Kinetics (Biomechanical Analysis ok Karate Techniques)*.

Style/École : Shitokai

TANZADEH Allen, *"Sen" initiatives, Timing Strategies in Kumite (Sensen No Sen - Sen No Sen - Go No Sen, Timing your responds to your opponent's attack).*

Style/École : Shitokai

TAYLOR Lee, *Ananko Kata Form & Function,*, 2014 (121 p.).

Style/École : Shukokai

TAYLOR Lee, *Heian/Pinan Kata & Bunkai The Fundamentals*, 2013 (103 p.).

Style/École : Shukokai

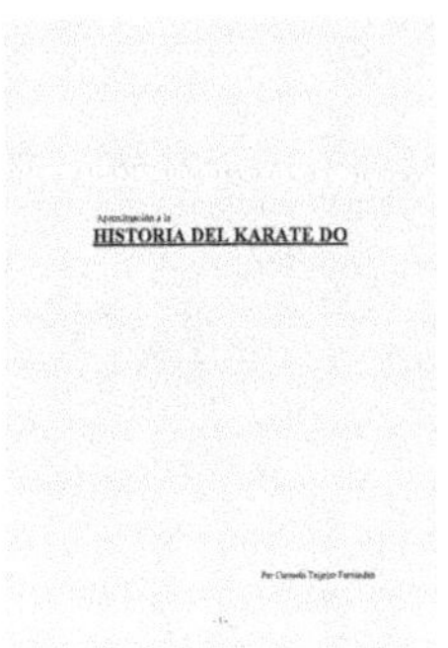

TEIJEIRO FERNANDEZ Carmelo, *Aproximacion a la historia del karate do*, sans lieu, sans date (62 p.) : « Kenwa Mabuni » (p. 34-38) et « Interview de Kenzo Mabuni » (p. 53-55, transcription de la vidéo *Karate Shito Ryu, à la source du Budo*, 1994).

Style/École : Shitokai

TOKITSU Kenji, *La voie du karaté, pour une théorie des arts martiaux japonais*, collection Points, série Sagesses, Paris, Seuil, 1979 (190 p.).

Ouvrage général

TOKITSU Kenji, *L'histoire du Karaté-do, les grands maîtres – les styles*, collection Les livres d'or des arts martiaux dirigée par Claude Lombardo, Paris, SEM 2003 (224 p.). Réédition légèrement amplifiée de l'ouvrage *Histoire du Karaté-do*, collection Le Monde des Arts Martiaux dirigée par Pierre-Yves Bénoliel, Paris, SEM 1994/1997 (224 p.).

Ouvrage général

TOKITSU Kenji, *Les katas - arts martiaux et transformations sociales au Japon*, La Fresquière, DésIris, 2002 (208 p.).

Ouvrage général

TOMIYAMA Keiji, *Shito Ryu Karate Do, vol. 1 Basics*, SK Enterprises, 1989 (101 p.).

Style/École : Kofukan International (Shukokai)

TOMIYAMA Keiji, *Fundamentals of Karate-do - Essential Elements for Development Through Karate Training at All Levels, A study of the principle elements of good karate-do*, SK Enterprises, 1990-91 (134 p.).

Traduit en russe par Ch. Chartava (1991).

Style/École : Kofukan International (Shukokai)

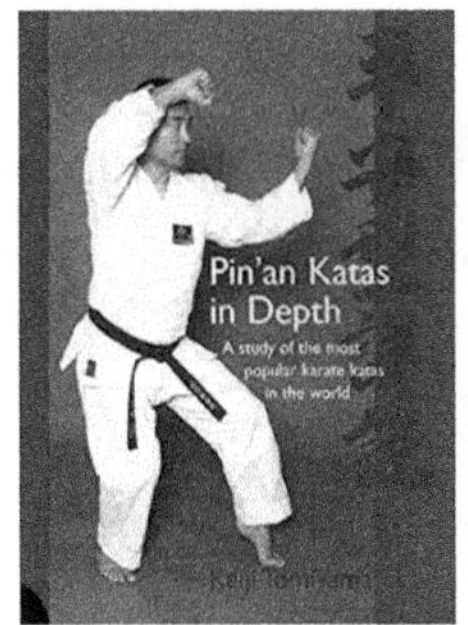

TOMIYAMA Keiji, *Pinan Katas in Depth - A Study of the Most Popular Karate Katas in the World*, SK Enterprises, 2004 (200 p.).

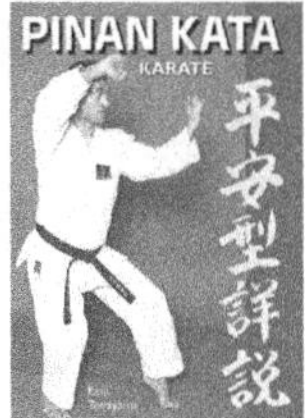

Réédition :
Pinan Kata Karate, Los Angeles, Empire Books, 2004, 2006 (208 p.).

Style/École : Kofukan International (Shukokai)
Kata : 5 Pinan, 5 Heian

TOMIYAMA Keiji, *Essential Basics of Karate in Depth - The Building Blocks to Successful Karate Training*, SK Enterprises (révision de l'ouvrage de 1989), 2016 (172 p.).

Style/École : Kofukan International (Shukokai)

WEBER Tamas, *The Warrior's Rose, a Journey of Meaning and Purpose*, Rising Sun Productions, 2004 (161 p.)

Style/École : Sanshin-Kan

Livre autobiographique de Tamas Weber (10e Dan Shito Ryu)

WEBER Tamas, *Le chant du désert*, Independently published, 2017 (269 p.).

Style/École : Sanshin-Kan

Livre autobiographique de Tamas Weber (10e Dan Shito Ryu)

WESTFEHLING Roman, *Karate als Budo, Über die inneren Werte einer Kampfkunst* (*Karaté en tant que Budo, les valeurs intérieures d'un art martial*) (en allemand), Kristkeitz Werner, 2010 (237 p.).

Style/École : Genbu Kai (Fumio Demura)

WESTFEHLING Roman, *Die Form des Karate, Kata als umfassendes Übungskonzept* (*La forme du karaté, le kata comme concept d'exercice complet*) (en allemand), Palisander Verlag, 2015 (408 p.).

Style/École : Genbu Kai (Fumio Demura)

YAHYAIE Mohammad Reza (محمد رضا یحیایی), *L'entraînement du Karaté en langage simple « Style : Shito Ryu » (ceinture blanche : 9ᵉ et 10ᵉ Kyu)* (en persan, Iran), volume 1 sur 12, 2006.

YAMADA Haruyoshi, *Eberinpar-chen Manual 1, Suparimpai (Goju & Shito), Gojushiho*, 2012.

Style/École : Shukokai
Kata : Supaimpai (Goju Ryu et Shito Ryu), Gojushiho

YAMADA Haruyoshi, *Eberinpar-chen Manual 2, Ippyakurei-hachi*[43], *Becyurin, Tensho, Naifanchi*, 2012.

Style/École : Shukokai
Kata : Ippykureihachi (Suparimpai) Shukokai, Becyurin, Tensho, Naihanchi

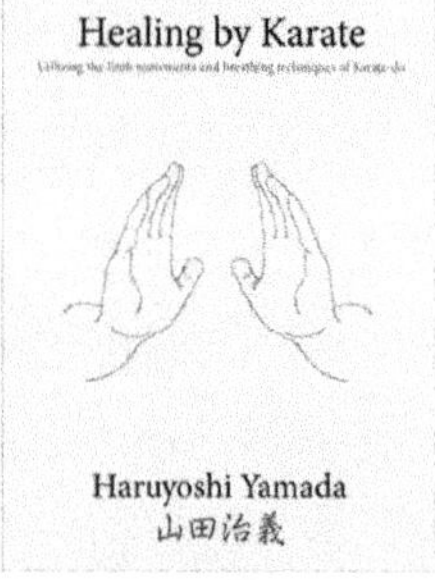

YAMADA Haruyoshi, *Healing by Karate: Utilizing the Limb Movements and Breathing Techniques of Karate-do*, Haruyoshi Yamada Books, 2015 (76 p.).

Style/École : Shukokai

[43] *Ippyakureihachi* est un autre nom pour le kata Suparimpai (*Becyurin* en chinois).

YAMADA Haruyoshi, *Manual 1, Heian 1, Heian 2, Heian 3, Heian 4, Heian 5,* 2012 (84 p.).

Style/École : Shukokai

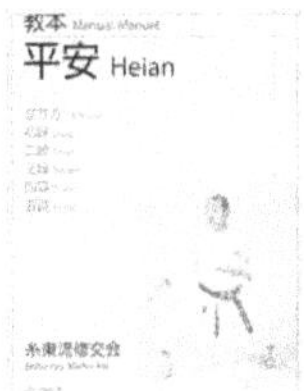

YAMADA Haruyoshi, *Kyohon Eberinpachen : Ippyakureihachi, Suparimpai (Goju Ryu), Suparimpai (Shito Ryu), Becchurin* (japonais), Shito Ryu Shukokai, 2014 (141 p.).

Style/École : Shukokai

YAMADA Haruyoshi, *Manuel, Niseishi Ananko Shiho Kosokun Shisochin, Practical Method*, 2012 (85 p.).

Style/École : Shukokai
Kata : Niseishi, Ananko, Shiho Kosokun, Shisochin

Auteurs non identifiés [44]

Karatedo Kata Model for Teaching – Shitei Kata (anglais, japonais), Japan Karatedo Federation, volume 1, 2001 (213 p.). Katas : Bassai Dai & Seienchin (Shito ryu), Seishan & Chinto (Wado ryu), Kanku Dai & Jion (Shotokan), Seipai & Saifa (Goju ryu).

Каратэдо Сито-Рю Сито-Кай (*Karaté-do Shito Ryu Shito Kai*), [**GORBYLYOV** Alexey, **ГОРБЫЛЁВ** Алексей ?], en russe, Будо-Спорт (Budo Sport), 2003 (304 p.).

[44] Par date de publication, quand elle est connue.

Каратэдо Сито-Рю Сито-Кай (*Karaté-do Shito Ryu, Shito-kai*), [**GORBYLYOV** Alexey, **ГОРБЫЛЁВ** Алексей ?], en russe, Moscou, 2003.

The Complete Series of Shito Ryu Kata (anglais, japonais), Japan Karate Federation Shito Kai, Tokyo, Champ, Supervision :
- Livre 1, 2010 (160 p.) : 5 Heian, Naifanchi Shodan, Bassai Dai, Seienchin

- Livre 2, 2006 (257 p.) : Kosokun Dai, Kosokun Sho, Shiho Kosokun, Chinto, Sanchin, Tensho, Seipai, Sochin, Nipaipo, Matsumura Rohai
- Livre 3, 2011 (232 p.) : Jion, Jitte, Gojushiho, Juroku, Seisan, Shisochin, Suparimpai, Matsukaze, Jiin
- Livre 4, 2019 (260 p.) : Wanshu, Matsumura Seisan, Shinpa, Ananko, Saifa, Kururunfa

Kimura Shukokai Deutschland, *Kata Basis I. Die Pinau Katas*, Deutscher Shukokai Karate Verband, Berlin, 2010 (24 p.).

Style/École : Shukokai

Official Rules and Regulations Handbook (prepared by the Vancouver Tai Kai Organizing Commitee), 8th International Seito Shito Ryu Tai Kai, Richmond, British Colombia, Canada, July 29th August 1st, 2011 (24 p, 13 p.).

Style/École : Seito Shito Ryu (Kenzo Mabuni)

Buku Panduan Latihan I, Shito Ryu Indonesia Karate-do (Shindoka), PB Shindoka, 2011.

Buku Panduan Latihan II (suplemen Kata), Shito Ryu Indonesia Karate-do (Shindoka), PB Shindoka, 2011.

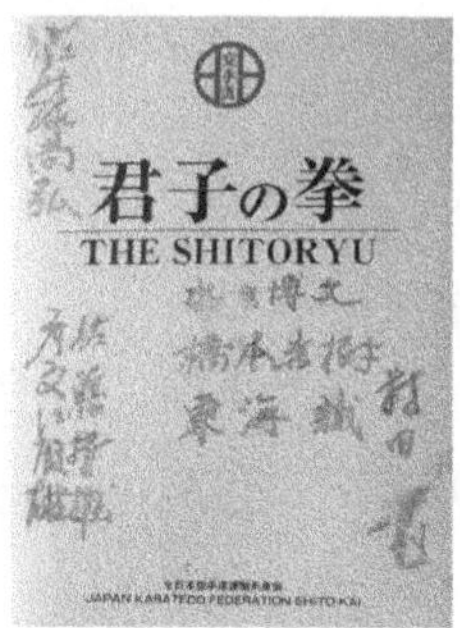

SATO Kenji (?), **MURATA** Hiroshi (?), *The Shito Ryu* (anglais, japonais), Japan Karatedo Federation Shito Kai, 2013 (98 p.).

Style/École : Shitokai

Karatedo Kata Model for Teaching – Shitei Kata (anglais, japonais), Japan Karatedo Federation, volume 2, 2013 (198 p.).

Katas (avec Bunkaïs) : Nipaipo & Matsumura Rohai (Shito ryu), Kushanku & Niseishi (Wado ryu), Empi & Kanku Sho (Shotokan) & Kururunfa & Seisan (Goju ryu).

Shito Ryu Karate Canada, Student Manual - Kyu & Dan Syllabuses (Manuel de l'étudiant - Programme d'évaluation Kyu & Dan, 2016 (20 p.).

http://shitokai.ca/shitoryu-karate-canada-syllabuses/
Style/École : Shitokai (Kenei Mabuni)

Karatedo Kata Model for Teaching – Kihon Kata, (en japonais), Japan Karatedo Federation, 2016 (224 p.).

Pas de kata.

Karatedo Kata Model for Teaching – Dai Ichi Shitei Kata (anglais, japonais), Japan Karatedo Federation, volume 2, 2017 (232 p.).

Katas : Saifa, Seipai, Jion, Kanku Dai, Bassai Dai, Seienchin, Seisan, Chinto

Shito Ryu Karate Do, Study Guide & Training Manual, Empi Ropu, Martial Arts Connection, volume 1.

Style/École : Motobu Ha Kuniba Ha Shito Ryu Karate Do (Shogo Kuniba)

Shito Ryu Karate Do, Study Guide & Training Manual, Shi Ho No Ho, Ten No Kata, Martial Arts Connection, volume 2.

Style/École : Motobu Ha Kuniba Ha Shito Ryu Karate Do (Shogo Kuniba)

Chapitre 2 : Les revues et les articles [45]

BIOMECHANICAL ANALYSIS OF THE FRONT KICK WITH THE DOMINANT AND NON-DOMINANT LIMB IN THE SHITO-RYU STYLE OF KARATE

Xenia Andrzejewski and Leonard Elbaum
Department of Physical Therapy, Florida International University, Miami, Florida, USA

ANDRZEJEWSKI Xenia et **ELBAUM** Leonard, « Biomechanical Analvsis Of The Front Kick With The Dominant And Non-Dominant Limb In The Shito Rvu Style Of Karate », *23e International Symposium on Biomechanics in Sports*, Beijing, China, 2005 (p. 843).

Emblème de l'école AOINAGI [Aoyagi]

CASTILONIA, Raymond Richard, articles publiés sur le site *Green Willow Karate Ken Shu Kai, Martial Arts for Life*, http://aoinagikenshukai.com/wp/, 1997-1999 :

1. « Shito Ryu Branches in USA » ; 2. « Shito Ryu 54 kata – Useishi-Gojushiho-54 » ; 3. « Better description of 54 (Gojushiho) » ; 3A. « Correction on e-mail #3 Gojushiho Description » ; « The other 54 Mabuni Gojushiho » ; 4. « Kenwa Mabuni and his kata » ; « Correction of Error in history of Kenwa Mabuni » ; 5. « Mastery of Shito Ryu Physical Training (Mastery or Myth?) » ; 6. « Kata and Creators Higashionna, Higaonna, Toonna » ; « James Mitose, Ph.D., Hanshi » ; « Empty Hand, Empty Mind » ; 7. « Will the real Jion please stand up » ; « Shihohai » ; 8. « Bassai Kata Complex » ; 9. « To Replace a Kata in Gojushiho » ; 10. « Seiunchin:

[45] Le classement se fait par le nom de l'auteur (quand il est identifié) ou bien par le titre de la revue. Un site pour aider dans la recherche, un inventaire de près de 50 000 magazines (http://ma-mags.com/Magazines.php).

External Appearance/Internal Experience » ; 11. « !!! VIVA EL MENKYO !!! » ; 12. « Jion, Jiin, Jitte » ; 13. « Higashionna, Higaonna, Toonna » ; 14. « Menkyo (and other) Secrecy » ; 15. « Etiquette and Principles » ; 16. « Traditional Weapons » ; 17. « Adjunctive Physical Training » ; 17A. « Aerobic Benefits and Methods » ; 17B. « Flexibility Training » ; 17C. « Strength Training » ; 18. « Training in Feudal Okinawa » ; 19. « Bully, Bully » ; 20. « Mawashi Geri » ; 21. « Maximum Heart Rate » ; 22. « Paradoxically » ; 23. « Henshuho: The Source » ; 23B. « Henshuho-Kata and Keiko » ; 24. « Nutrition Wanderings » ; 24A. « Bias and Diets vs Nutrition » ; 24B. « Substance, Calories, and Law of Mass Action » ; 25A. « "Hey, not bad for a woman!" » ; 25B. « Women…What is going on? » ; 26. « Kosho-an Introduction » ; 26A. « Kosho-Beginning Training » ; 26B. « Kosho: The Wedding » ; 26C. « Kosho-The Abduction » ; 26D. « Kosho-Stealth » ; 26E. « Jojo Etchu Ryu » ; 27. « Menkyo-Kaiden » ; 28A. « Devastation of Okinawa » ; 28B. « Japanese Stunned by Barbarians » ; 28C. « A Sporting Business » ; 28D. « Other Menkyo Systems » ; 29. « Oss!!! » ; 30. « The other 54 » ; 31. « Aoinagi: The Name » ; 32. « Vital Force; Ki, Chi, Prana » ; 33A. « Musashi: Good or Evil? » ; 33B. « Musashi, Sekiun, Washington, Hitler and Himmler » ; 34. « Isabelle Aubert's Observations » ; 35. « Violence is as violence will » ; 36. « Return of the Gyo Essay; Empty » ; 37. « Caution Enthusiasm: Contagious on Direct Contact » ; 39. « Bringing martial value to the workplace » ; 39B. « Circle of Responsibility » ; 39C. « Circle of Influence » ; 39D. « Circle of Concern » ; 39E. « Circle of THEM » ; 39F. « Interdigitation, Justification of Essay and Closing » ; 40. « To Our Christians in the Martial Arts » ; 50. « Minamoto to You! » ; « Ninja or Bushi? » ; 51. « Community building » ; « Niseishi I » ; « Niseishi II » ; « Niseishi III » ; « Niseishi IV » ; « One Universe-One Kata-One You » ; « Colors training… A long heritage » ; « Karate Ni Sente Nashi » ; « Kihon » ; « Two Questions On Classical Form, Kosokun Dai » ; « Juroku….distortion at its best…16 demons…what are they? » ; « Protocol » ; « Gyo training » ; « Final message ».

Emblème de l'école AOINAGI [Aoyagi]

CASTILONIA, Raymond Richard, *Syllabus*, publié sur le site *Green Willow Karate Ken Shu Kai, Martial Arts for Life,* http://aoinagikenshukai.com/wp/?page_id=49, 1995-1997.

CHAMBERS Damian, « Kenwa Mabuni: The Founder of Shotokan? - Founder of Shito Ryu », *Fighting Spirit of Martial Arts*, Spring/Summer, 2001 (p. 20-22).

№ 3 (58), 2016
ISSN 1999-3455

КУЛЬТУРА ФИЗИЧЕСКАЯ И ЗДОРОВЬЕ

CHERNYAEV Valeriy Vasilievich, **DUSHCHENKO** Sergei Alexandrovich « Физические качества юных каратистов стиля Сито-Рю / The Physical Qualities Of Young Karate Style Shito Ryu », *Культура физическая и здоровье* (*Culture physique et santé*), en russe, n° 3 (58), 2016 (p. 97-100).

Combat (volume 3, numéro 6, mars/avril 1977) : « Edie Daniels ».

Combat (volume 5, numéro 5, mars 1979) : « Shigeru Kimura Shukokai Chief Instructor ».

Combat (volume 6, numéro 4, mars 1980) : « Keiji Tomiyama Shukokai Ambassador ».

DANIELS Eddie, « Eddie Daniels, Shukokai Survivor », *Traditional Karate*, volume 2, numéro 10, mars 1989.

DEMURA Fumio, « Black Belt Values Shito Ryu's », *Martial - The Voice of Traditional Martial Arts*, septembre 2000.

Dojo Arts martiaux (n° 59, décembre 1991) : « Kenwa Mabuni, le fondateur du Shito Ryu ».

Додзё. Боевые искусства Японии (***Dojo – Les arts martiaux japonais***), en russe, n° 04 (18), 2003 (64 p.).

Kata (avec Bunkaïs) : Nipaipo (Shitokai)

DUSCHENKO, S. A., « Means and Methods of Development of Physical Qualities in Karate Do Shito Ryu », *Международная Научная Школа Психологии И Педагогики* (*École internationale de psychologie et de pédagogie*), n°4, 2014 (p. 85-87).

FRAGUAS Jose Maria, « Yoshimi **INOUE** - Returning to the Source », *Masters Magazine*, Fall, 2012 (p. 26-33).

FRAGUAS Jose Maria, « Genzo **IWATA** - Leading Shito Kai - Allen **TANZADEH** - A Wealth ok Knowledge », *Masters Magazine*, Summer, 2014.

GOLINSKI Matthias, « Legenden des *Karate*: *Mabuni Kenwa* und sein *Shito-Ryu* » (en allemand) (2003), édition révisée, 2006 (7 p.).

Version anglaise sur le site *Karate by Jesse* :
http://www.karatebyjesse.com/legends-of-karate-mabuni-kenwa-and-his-shito-ryu-pt-1/ (et 2/ ; 3/ ; 4/)

GOLINSKI Matthias « Martial Arts Legends: Mabuni Kenwa, part 1 » et « An Interview with Fumio Demura Part 1 » by *Classical Fighting Arts* staff, *Classical Fighting Arts* (ancienne revue *Dragon Times Newspaper*), volume 2, n° 15, issue 38, 2010.

GOLINSKI Matthias « Martial Arts Legends: Mabuni Kenwa, part 2 » et « An Interview with Fumio Demura Part 2 » by *Classical Fighting Arts* staff, *Classical Fighting Arts* (ancienne revue *Dragon Times Newspaper*), volume 2, n° 16, issue 39, 2010.

GOLINSKI Matthias, « Mabuni Kenwa & Shito Ryu », dans *International Ryukyu Karate Research Society – IRKRS* (1995-2010) (p. 16-32).

Kata (sans Bunkaï) : Suparimpai (par Kenwa Mabuni)

http://www.karatebyjesse.com/legends-of-karate-mabuni-kenwa-and-his-shito-ryu-pt-1/ (et 2/ ; 3/ ; 4/)

HERRAIZ Salvador, « Kenei vs. Kenzo - Le Shito Ryu déraciné et la mésentente des fils Mabuni », *Budo International*, n° 183 bis, octobre 2011 (p. 20-27)[46].

JARVIS Brian, « Moledzki Sensei », *The International Ryukyu Karate Research Society's Journal*, an informal publication for the progressive traditionalist (2nd Quarter 2006) (p. 35-44).

[46] Du même auteur : *Karaté image d'une histoire*, Budo International, 2012 (209 p.).

Karaté Bushido (n° 357, juin 207) : « Grand maître : Ryozo **TSUKADA** » (p. 40-44).

KASSIS Con (par Zach **BROADHURST**), « You Be The Judge, 40 years of Karate Dedication », *Blitz, Autralasian Martial Art Magazine*, september 2015 (p. 26-33).

Style/École : Shito Ryu

KSI Magazin, *One Punch One Goal*, Kimura Shukokai International, UBS, 2015 (99 p.).

LAFAURIE OLIVARES Pedro Enrique, **CESPEDES PAREDES** Jose Baltazar, « Alternativa didáctica para el perfeccionamiento de la formación básica en el shito-ryu kárate-do - Didactic alternative for the improvement of basic training in shito-ryu karate-do (p. 100-111) dans *Arrancada, Revista Científica de la Educación Física y el Deporte* (volume 15, n° 28, 2015, 143 p.) :

http://revistarrancada.cujae.edu.cu/index.php/arrancada/issue/view/14

LUNA Daniel, « The Case for the Double Hip Twist Punch (can scientific approaches be applied to karate research and training ?) A Shukokai instructor states his theories »[47], *Black Belt*, volume 8, n° 6, juin 1970 (p. 30-31).

Style/École : Shukokai

MABUNI Kenei, « The Power Of Inner Strength », *Masters of Karate*, mai 2002.

[47] Voir aussi Peter Consterdine « The Double Hip », dans l'ouvrage de Geoff Thompson, *Real Punching* (1994, Summersdale, United Kingdom, 2000, chapitre 7, p. 90-92).

MABUNI Kenwa, « Practice Kata Correctly », traduction anglaise de Mark Tankosich, *Classical Fighting Arts*, volume 2, n° 11, issue 34, 2007.

MABUNI Kenwa, « Le Budo pour la vie » (武道即生活), *Culture Okinawa Monthly* (月刊文化沖縄) (en japonais), n°3, mars 1941 (p. 9). Réédition, Tokyo, éditions Fuji, 2015 (104 p.).

MABUNI Kenwa, « Inscrire distinctement le Karaté-do dans le Bushido japonais » (日本 武士道の一分派として 確立せる空手道) (en japonais), *Culture Okinawa Monthly* (月刊文化沖縄), n°5, mai 1941 (p. 19-22). Réédition, Tokyo, éditions Fuji, 2015 (104 p.).

MABUNI Kenwa (**GORBYLYOV** Alexey / **ГОРБЫЛЁВ** Алексей, traduction et commentaires), « Kobo Jizai Goshin Jutsu Karate Kempo » (« Karate Kempo – The Art of Self-defense ») (1934) [KM. 03], traduction du japonais en russe (p. 130-286), dans *Хидэн. Боевые искусства и рукопашный бой. Выпуск (Hiden. Martial Arts and Hand-to-hand Combat Systems)*, numéro 2, 2009 (286 p.).

MABUNI Kenwa (**GORBYLYOV** Alexey / **ГОРБЫЛЁВ** Алексей, traduction et commentaires), « Kobo Kempo Karate-do Nyumon » (« An Introduction to Karate-do – Offensive and Defensive Boxing ») (1938), traduction du japonais en russe (p. 218-271), dans *Хидэн. Боевые искусства и рукопашный бой. Выпуск (Hiden. Martial Arts and Hand-to-hand Combat Systems)*, numéro 5, 2010 (272p.).

Kata (avec Bunkaïs) : Aragaki Sochin (par Kenwa Mabuni)

MABUNI Kenwa (**GORBYLYOV** Alexey / **ГОРБЫЛЁВ** Алексей, traduction et commentaires), « Seipai no Kenkyu » (« The Study of Seipai ») (1934) [KM. 04], traduction du japonais en russe, dans *Хидэн. Боевые искусства и рукопашный бой. Выпуск (Hiden. Martial Arts and Hand-to-hand Combat Systems)*, numéro 11, 2015 (318 p.).

MABUNI Kenzo, « Grand maître : Kenzo Mabuni (10e Dan) - le légataire du Karaté Shito Ryu », *Karaté Bushido*, n° 321, mars 2004, propos recueillis pas Sylvain Guintard (p. 36-39).

MIYAGI Chojun :

- 1934, « An Outline of Karate-do [Tode] » (« Karate-do Gai-setsu »), traduction anglaise de Patrick et Yuriko McCarthy, dans *Ancient Okinawan Matial Arts 2*,1999 (p. 39-54) ;

- 1936, « Historical Outline of Karate-do, Martial Arts Of Ryukyu » (Ryukyu Kempo Karate-do Enkaku Gaiyo), traduction anglaise de Sanzinsoo (http://seinenkai.com/articles/sanzinsoo/outline.html) ;

- 1942, « Breathing In and Breathing Out, In Accordance With "Go" and "Ju": A Miscellaneous Essay on Karate », traduction anglaise de Sanzinsoo, *Bunka Okinawa*, volume 3, n° 6, 1942 (http://seinenkai.com/articles/sanzinsoo/essay.html).

NAKAHASHI Hidetoshi (assisté de Janick **POUPÉE**), « Hide-toshi **NAKAHASHI** Sensei, 7e DAN Shito Ryu » et « Kata Seisan », *Officiel Karaté*, *Aux sources d'Okinawa*, revue officielle de la Fédération Française de karaté, n° 54, décembre 1989 (p. 12-18 et p. 21-24).

http://www.karate-nakahashi.com/shito-ryu/bonus.php

Kata (sans Bunkaï) : Seisan

NEGISHI Yuichi, « Shito Ryu Sosei Kai y la Tradición Martial de Maestro Yuichi Negishi », *El Budoka*, 3-3, n° 294 (p. 9-13).

NOBLE, Graham, « Master Funakoshi's Karate: The History and Development of the Empty Hand Art », *Dragon Times* :
- part 1, issue n° 3, 1993 (p. 5-7, 38) (pas de visuel) ;
- part 2, issue n° 4, 1993 (p. 6-9) ;
- part 3, issue n° 5 (p. 5-7).

PEREZ-GUTIERREZ Mikel, **GUTIERREZ-GARCIA** Carlos, **ALVAREZ DEL PALACIO** Eduardo, « Repertorio bibliográfico anotado de monografías de artes marciales asiáticas publicadas en España », *Revista de Artes Marciales Asiáticas* (RAMA), attached to the Department of Physical Education and Sports, University of León, Spain (volume 8, n° 1, janvier-juin 2013) (p. 21-450).

http://revpubli.unileon.es/ojs/index.php/artesmarciales/article/view/836
http://revpubli.unileon.es/ojs/index.php/artesmarciales/issue/view/73
http://revpubli.unileon.es/ojs/index.php/artesmarciales/article/view/836/742

Une bibliographie commentée de toutes les monographies concernant les arts martiaux asiatiques publiées en Espagne jusqu'en 2009.

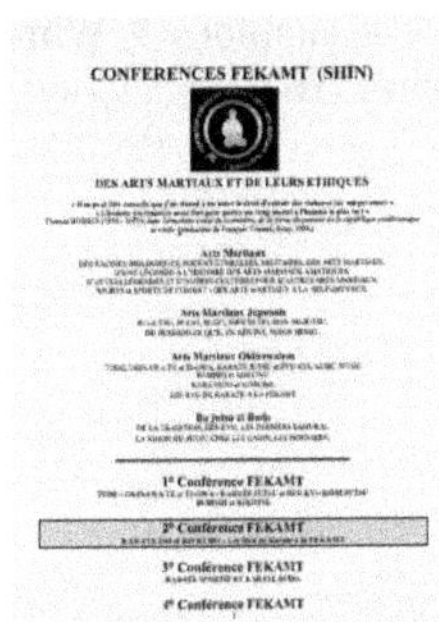

RENAULT Philippe « Karate Do et Ko Budo – Les Ryu de Karaté à la FEKAMT », *Conférences FEKAMT (Shin) des arts martiaux et de leurs éthiques*, Fédération Européenne de Karaté-do et Arts Martiaux Traditionnels, conférence n° 2, sans date (32 p.).

http://www.fekamt.com/
http://www.fekamt.com/images/PDF/Conf_R_2.pdf

ROSSI Monica Amarillis, « L'Uomo che sa Sognare (Karate Shito Ryu) » (en italien), *Arti D'oriente Mensile Di Discipline Di Combattimento E Cultura Orientale*, anno III, n° 7, settembre 2000 (p. 2-8).

RZANY Rafał, « Historia i zarys współczesnej struktury organizacyjnej karate Shito Ryu » (« L'histoire et les grandes lignes de la structure contemporaine du karaté Shito Ryu ») (en polonais), *Idō - Ruch dla Kultury* (*Movement for Cuture*), Tom II, Rzeszów, 2001 (p. 28-32).

http://www.idokan.pl/images/txt/tomII/(6)%20Rafal%20Rzany%20Historia%20i%20zarys%20wspolczesnej%20struktury%20organizacyjnej%20karate%20shito-ryu.pdf

SATONIN Shelley, « Okinawa's Kata of Champions – Winning with Seipai » (Kata Seipai par Minobu **MIKI**), *Black Belt*, June, 1989 (p. 18-22).

SAWABE Shigeru, « Shito Ryu Karate, a Lagacy of Excellence », *Masters Magazine*, Fall, 2016.

Self-Defense International (volume 1 numéro 1) : « Shukokai Karate Special : Sensei Shigeru **KIMURA** and Eddie **DANIELS** ».

SELLS John, *Shito Ryu History*, http://www.lovelandkarateclub.com/docs/historyshito.htm.

Style/École : International Karate-do Kai, Seito Shito Ryu (Kenzo Mabuni)

SELLS John, « Shito Ryu Karate - Okinawa's Not-so Hidden Secret », *Black Belt*, mars 1990 (p. 30-33).

Style/École : International Karate-do Kai, Seito Shito Ryu (Kenzo Mabuni)

SELLS John, « The Evolution of Kata », part 1, *Black Belt*, volume 19, n° 1, janvier 1981 (p. 52-56).

Style/École : International Karate-do Kai, Seito Shito Ryu (Kenzo Mabuni)

SELLS John, « The Evolution of Kata », part 2, *Black Belt*, volume 19, n° 2, février1981 (p. 38-41, 86, 88).

Style/École : International Karate-do Kai, Seito Shito Ryu (Kenzo Mabuni)

Shitokai Journal, Japan Karatedo Federation Shito Kai, 2009.7.1, n° 233.

Shito Ryu Karate Canada Online Electronic Magazine (*1st Issue*), Spring, 2015 (65 p.).

Traditional Karate (volume 1, numéro 5, juillet 1987) : « Tomiyama, The Power and Grace of Shito Ryu ».

Traditional Karate (volume 2, numéro 6, juillet 1988) : « Mabuni: Shito Ryu Founder Re-Examined ».

***Traditional Karate**, Shukokai Special* (volume 3, numéro 2, juillet 1989) : « Master **KIMURA**, The Power of a Modern Karate Master (History of Shukokai, Shukokai in United Kingdom, Fighting with Eddie **DANIELS**) ».

Université d'économie et de commerce d'Osaka / Université d'économie et de droit d'Osaka (大阪経済法科大学論集 / 大阪経済法科大学経法学会 編), n° 91, 05-2006 : 沢 勲 - 樋口豊治 - 森英俊 - 富田和広 - 肥塚義明 (auteurs), « *The Model and Terminology of Shito-ryu Karate-do by IT -- The Model and Terminology of Karate-do Science in Four Languages (Japanese, English, Korean and Chinese)* (p. 55-98).

VILLARRUBIA Gonzalo, « Sketched Biography : Yasunari **ISHIMI** », *Shin Gi Tai - Karate Kobudo & Co*, Newsletter n° 1, sans lieu, sans date (p. 8-11).

VILLARRUBIA Gonzalo, « The Controversial Corner », *Shin Gi Tai - Karate Kobudo & Co*, Newsletter n° 2, sans lieu, sans date (p. 2).

VINCENT Dominique, « Un style mal connu : le Shito Ryu » (p. 40-43) ; **GAILLAC** Rolland, « Yoshinao **NANBU**, le karaté de l'an 2000 - une interview de Nanbu sur l'avenir du Sankukaï » (p. 44-55), *Karaté*, « *spécial Nanbu - Valéra - Shito Ryu* », n° 30, Paris, 1977.

YAMADA Haryuoshi, « Haruyoshi Yamada – 9e Dan Tani Ha Shito Ryu », *Arts martiaux traditionnels d'Asie*, n° 23, spécial été 1996.

Chapitre 3 : Les vidéos et les DVD

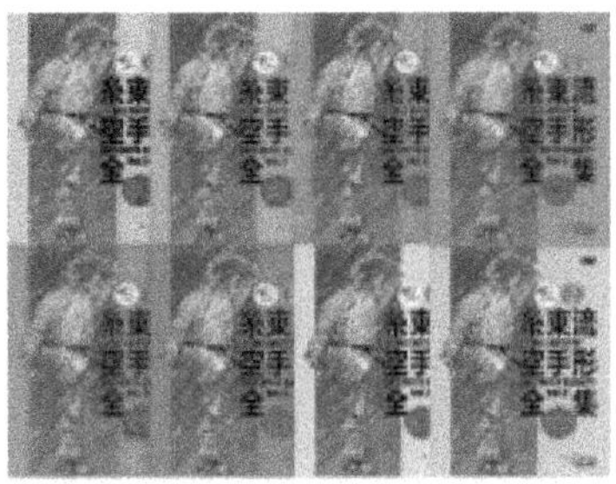

ALL KATA OF SHITO RYU, DVD (japonais), katas pas à pas, différents angles de vue, Bunkaïs complets, vers 2003 :

- **vol. 1** (48 min) : Heian (Pinan) Shodan, Nidan, Sandan, Yondan, Godan ;
- **vol. 2** (43 min) : Naifanchi, Bassai Dai, Seienchin ;
- **vol. 3** (55 min) : Kosokun Dai, Kosokun Sho, Shiho Kosokun, Chinto ;
- **vol. 4** (60 min) : Juroku, Matsumuraha-Rohai, Seisan, Shisochin ;
- **vol.7** (55 min) : Suparimpai, Matsukaze, Jiin ;
- **vol.8** (55 min) : Kururunfa, Saifa, Shinpa.

ALL KATA OF SHITO RYU, DVD (japonais), Tsuguo SAKUMOTO et alii, Champ (katas pas à pas, plusieurs angles de vue) :

Volume 1, ca. 2002 (55 min) : Niseishi, Sanseiru, Seisan, Pachu

Volume 2, ca. 2004 (60 min) : Heiku, Paiku, Anan

Arts Martiaux, *Vidéo Magazine n° 2* (VHS), « *Karaté, Shito Ryu avec Ishimi (coupe de France 93, kumite & Kata)* », Paris, Reflect Vidéo, 1993 (60 min).

Katas : Hakkaku (Hakucho) (Yasunari Ishimi) ; Shisochin, Rohai (Jean-Marc Ortéga)

Fédération Française de Karaté (FFKAMA), *Bunkaï Kata* (VHS), avec les experts fédéraux Shotokan Ryu, Wado Ryu et Shito Ryu (passage de grades du 1er au 5e dan dans les trois styles), réalisation Francis Didier, Paris, AVR COM :

- **volume 1** (70 min), Gilbert Gruss, Patrice Belrithi, Bernard Bilicky, Serge Chouraqui, Hiroji Fukasawa, Jean-Pierre Lavorato, Hidetoshi Nakahashi (1998) : *5 Pinan, Naifanchi Shodan, Bassai Dai, Kururunfa* ;

- **volume 2** (70 min), Gilbert Gruss, Patrice Belrithi, Bernard Bilicky, Serge Chouraqui, Francis Didier, Hiroji Fukasawa, Jean-Pierre Lavorato, Hidetoshi Nakahashi (1998) : *Naifanchi Nidan, Wanshu, Jion, Seisan, Chinto, Kosokun Sho, Bassai Sho, Juroku, Seienchin* ;

- **volume 3** (70 min), Serge Chouraqui, Jean-Pierre Lavorato, Senei Oshiro, Hidetoshi Nakahashi, Bernard Bilicky, Jean-Pierre Fisher, Patrice Belrithi, Hiroji Fukasawa, Jean-Louis Morel (2003) : *Naifanchi Sandan, Niseishi, Sochin, Rohai, Unsu, Nipaipo, Gojushiho, Matsukaze, Seipai, Matsumura, Suparimpai.*

FLORENTINE Isaac, *Shito Ryu Karate Traditional* (VHS), San Clemente, Panther Home Video (vers 1995) :
- **01** (60 min) : *Fundamentals*
- **02** (50 min) : *Volume 1 - Katas* (Go-U-Uke, Empi-Ropu, Shiozuki Shodan, Shiozuki Nidan, Pinan Shodan/Nidan)
- **03** (55 min) : *Volume 2 - Katas* (Pinan Sandan/Yodan/Godan)
- **04** (60 min) : *Volume 3 - Katas* (Ananko, Bassai Dai, Tomari Bassai)
- **05** (60 min) : *Volume 4 - Katas* (Jiin, Sanchin, Shiho Kosokun)
- **06** (55 min) : *Volume 5 - Katas* (Kosokun Sho, Saifa, Kururunfa)
- **07** (55 min) : *Volume 6 - Katas* (Seipai, Matsukaze, Juroku)
- **08** (55 min) : *Vol. 7 - Katas* (Seienchin, Tensho, Randori-Ichi,/Ni/San)
- **09** (55 min) : *Shito Ryu Sparring & Fight Strategy*
- **10** (50 min) : *Shito Ryu Street Self-defense techniques.*

DEMURA Fumio, *Masterclass Karate Shito Ryu* (DVD) :
- 01 (60 min) : techniques de karaté et de self-défense diverses ;
- 02 (60 min) : différents exercices et cinq katas ;
- 03 (60 min) : katas & techniques de self-défense, de judo, etc., pour les séniors et ceintures noires (Katas : Naifanchi Shodan, Matsumura Rohai, Sanchin, Jitte, Bassai Dai, Jiin) ;
- 04 (60 min) : exercices respiratoires, Bunkaïs, etc. (Katas :Naifanchi Nidan, Jion, Niseishi [Nijushi Ho], Wanshu [Empi], Kusankui Dai [Kosukun Dai], Wankan) ;
- 05 (60 min) : amélioration de sa puissance de frappe, techniques de self-défense (Katas : Naifanchi Sandan, Seienshin, Aoyagi version pour femme et homme, Seipai, Juroku).

HAYASHI Teruo, *All Kata of Hayashi Ha Shito Ryu Karate* (japonais, anglais), DVD, Champ :
- vol. 1 (40 min) : Jiin, Jitte; Hakkaku
- vol. 2 (45 min) : Jion, Rohai, Shisochin

KUNIBA Shogo, *Japanese Traditional Shito Ryu* (DVD), Masters Historical Series, 2006 (30 min).

(VHS)

ITO Shiro, *Shito Ryu Kata* (VHS), version japonaise, Épinay-sous-Sénart, Solkan Europe, 1991 (46 min).

Katas : Bassai Dai, Bassai Sho, Chintei, Chinto, Gojushiho, Jiin, Jion, Jitte, Juroku, Kosokun Dai, Kosokun Sho, Kururunfa, Matsumura no Bassai, Naifanchi Shodan, Nipaipo, 5 Pinan, Rohai, Sanchin, Seienchin, Seipai, Shiho Kosokun, Suparimpai, 3 Taikyoku, Tencho, Wanshu.

ITO Shiro et ses assistants, *Shito Ryu Kihon & Kumite* (VHS).

KAWANISHI Eiji, *63 Katas Shito Ryu*, association Shukokai Atlantique, Bouguenais :

Katas : Anan (Ryuei), Ananko (Kyan), Ananko Sho (Kyan), Aoyagi (Shito), Bassai Dai (Shitei Kata - Itosu), Bassai Sho (Itosu), Bassai Dai (Itosu), Chatanyara no Kushanku (JKF – Yara), Chatanyara no Kushanku (Yara), Chintei (Itosu), Chinto (Itosu), Gekisai Dai Ichi (Goju), Gekisai Dai Ni (Goju), Gojushiho (Itosu), Hakucho (Hakkaku), Heiku (Ryuei), Ishimine no Bassai (Ishimine), Jiin (Itosu), Jion (Itosu), Jitte (Itosu), Juroku (Shito), Juroku (Shukokai – Shito), Kosokun Dai (Itosu), Kosokun Sho (Itosu), Kururunfa (Higaonna), Matsukaze (Matsumora), Matsumura no Bassai (Matsumura), Matsumura no Seisan (Matsumura), 3 Naifanchi (Itosu), Nipaipo (JKF – Hakkaku), Nipaipo (Hakkaku), Niseishi (Aragaki), Oyadomari no Bassai (Oyadomari), Pachu (Ryuei), Paku (Ryuei), Papuren (Hakkaku), 5 Pinan (Itosu), 3 Rohai (Itosu), Rohai (Matsumora), Saifa (Higaonna), Sanchin (Higaonna), Sanseiru (Higaonna), Seienchin (Shitei Kata – Higaonna), Seipai (Shitei Kata – Higaonna), Seisan (Higaonna), Shiho Kosokun (Itosu), Shinpa (Uechi), Shinsei (Shito), Shisochin (Higaonna), Sochin (Aragaki), Suparimpai (Higaonna), Tensho (Goju), Tomari no Bassai (Matsumora), Unshu (Aragaki), Wanshu (Itosu).

MABUNI Kenei, *La voie de la main – le geste du silence, Karaté-do traditionnel Shito Ryu* (DVD), version française, Budo, 2005 (75 min).

Divers stages avec Hidetoshi Nakahashi, Kenei Mabuni ; katas réalisés en compétition par Hirofumi Mizugushi, Jean-Luc Clergé et Dominique Bichon
Liste des katas
Coupe du monde Mabuni 2003

Katas (Bunkaïs partiels) : Chatanyara no Kushanku, Seienchin, Seisan, Seipai, Bassai Dai, Kururunfa, Matsumora no Rohai, Naifanchi Shodan (version Koshiki, présentée par Jean-Luc Clergé, enseignée par Hidetoshi Nakahashi), Matsukaze, Hafa, Shisochin, Shinpa, Paporen.

MABUNI Kenzo, *Karate Shito Ryu, à la source du Budo – The Island of Budo* (DVD/VHS), version française, Hampshire Road, Tsunami, 1995 (55 min).

Principes du style Shito Ryu (Uke no Go Gensoku, Tenshin Happo, Hiji Ate Goho, Hokei Kumite)
Katas : Bassai Dai, Chintei, Juroku, Kururunfa, Rohai, Seienchin (avec Bunkaïs), Seipai, Shiho Kosokun, Shinsei, Tensho

MABUNI Kenzo, *Dynamics of Shito Ryu Karate* (DVD), Yamazato, 2005 (40 min).

Kihon Waza
Ashi Kata
Katas : Shinsei, Juroku, Bassai Dai

MIKI Minobu, *Karate, Stage Kata* (DVD), Kombat Klub, stage en Italie :
Vol. 1 (90 min) : Chatanyara Kushanku, Shiho Kosokun, Sochin
Vol. 2 (90 min) : Anan, Paiku

(VHS)

NAKAHASHI Hidetoshi, *Shito Ryu – Kata & Bunkaï* (DVD), volume 1 (français-anglais-espagnol-italien-allemand), Sensei assistant Daniel Céron, Sport Production Multimédia, 2002.

Katas (avec Bunkaïs) : 5 Pinan, Naifanchi Shodan, Bassai Dai, Kosokun Dai

NAKAHASHI Hidetoshi, *Shito Ryu – Kata & Bunkaï* (DVD), volume 2 (français-anglais-espagnol-italien-allemand), Sensei assistant Daniel Céron, Sport Production Multimédia, 2002.

Katas (avec Bunkaïs) : Naifanchi Nidan, Wanshu, Jion, Seisan, Jitte, Kosokun Sho, Juroku, Seienchin

NAKAHASHI Hidetoshi, *Shito Ryu – Kata & Bunkaï* (DVD), volume 3 (français-anglais-espagnol-italien-allemand), Sensei assistant Daniel Céron, Sport Production Multimédia, 2005.

Katas (avec Bunkaïs) : Naifanchi Sandan, Jiin, Chinto, Bassai Cho, Matsumura Rohai, Niseishi, Sanchin, Nipaipo

NAKAHASHI Hidetoshi, *Shito Ryu – Kata & Bunkaï* (DVD), volume 4 (français-anglais-espagnol-italien-allemand), Sensei assistant Daniel Céron, Sport Production Multimédia, 2005.

Katas (avec Bunkaïs) : Tensho, Matsukaze, Gojushiho, Sochin, Seipai, Matsumura Passai, Ishimine Bassai

ORTEGA Jean-Marc, *Karaté-do Shito Ryu – Style et Énergie* (VHS), 14 katas (bases et supérieurs), stratégies de combat, Paris, Reflect Vidéo, 1995 (60 min).

Katas : 5 Pinan, 2 Gekisai, Gokyo (Itori Wasa), Hansan, Juroku, Kururunfa, Rohai, Seienchin, Sanchin

Voir aussi du même auteur :
Karaté-do fondamental, le Shito Ryu dans l'école énergie, volume 1 (30 min) et volume 2 (30 min).

The Mabuni Kata of Seito Shito Ryu (VHS), The Martial Source, katas réalisés par Gary McGuinness, 2001 (34 min).

Katas : Aoyagi, Happo Sho, Juroku, Kenshu, Kensho, Shiho Kosokun, Shinsei, Shinpa.

The Itosu Kata of Seito Shito Ryu (VHS), The Martial Source, katas réalisés par Gary McGuinness, 2000 (65 min).

Katas : Bassai Dai, Bassai Sho, Chinte, Chinto, Gojushiho, Jiin, Jion, Jitte, Kosokun Dai, Kosokun Sho, Matsukaze, 5 Pinan, Rohai, Wanshu.

The Higaonna Kata of Seito Shito Ryu (VHS), The Martial Source, katas réalisés par Gary McGuinness, 2001 (60 min).

Une histoire de Kanryo Higaonna et de Kenwa Mabuni

Katas (enseignés par Kenzo Mabuni) : Kururunfa, Nipaipo, Niseishi, Saifa, Sanchin, Seienchin, Seipai, Seisan, Shisochin, Sochin, Suparimpai, Tensho, Unsu.

Chapitre 4 : Les sites Internet

***Alan Godshaw* :**
https://alangodshaw.com/
https://alangodshaw.com/bibliography/

Green Willow Karate Ken Shu Kai, Martial Arts for Life :
http://aoinagikenshukai.com/wp/

Hawaii Karate Museum :
https://guides.library.manoa.hawaii.edu/az.php
https://guides.library.manoa.hawaii.edu/okinawa/hawaii_karate_collection
https://uhmanoa.lib.hawaii.edu/vwebv/searchBasic?sk=manoa
http://museum.hikari.us/
http://seinenkai.com

Iain Abernethy – The Practical Application of Karate :
https://www.iainabernethy.co.uk/

InfoKarate, Encyclopédie pédagogique :
http://www.infokarate.com/fr/

International Hayashi-Ha Shito Ryu Karate-do Federation :
http://www.internationalshitoryu.com/

International Ryukyu Karate Research Society, Patrick McCarthy :
http://www.koryu-uchinadi.com/

Itosu Ryu Karate-do International Federation :
https://www.itosu-ryu.net/

Japan Karate-do Federation Shito Kai :
http://www.karatedo.co.jp/shitokai/English/et-index.html
http://www.karatedo.co.jp/shitokai/

Karate By Jesse, Jesse Enkamp :
http://www.karatebyjesse.com/category/karate/

Karate Club Hirota :
http://www.karateclubhirota.com/ (Voir aussi les ouvrages de Camps et Cerezo/Gea)

KarateKata :
http://www.karatekata.de/index-en.htm
http://www.karatekata.de/katalist-en.htm
http://www.karatekata.de/shito_ryu_mabuni.htm

KarateWeb (en slovaque) :
https://www.karateweb.sk/index.php?p=kenpaku&sessid=

Karate y algo más… :
https://karateyalgomas.com/libros/

Katas de Karate :
http://kataskaratejomayodan.blogspot.fr/

Kimura Shukokai International :
http://www.kimura-shukokai.com/

Kogawa Bushido Kai :
http://www.kogawabushidokai.com/about.html

L'histoire du karaté Okinawaïen comme vous ne l'avez jamais lue, Christian Faurillon :
https://karatehistorique.wordpress.com/2016/03/07/les-hommes-de-la-tradition-9/
https://karatehistorique.wordpress.com/

List of International Hayashi-Ha Shito Ryu Katas :
http://www.blackbeltwiki.com/international-hayashi-ha-shito-ryu-katas
http://www.internationalshitoryu.com/aboutus/our-katas/

Ma-mags - the Ultimate Resource for Martial Arts Magazines :
http://ma-mags.com/index.html

Revista ***de Artes Marciales Asiáticas (Universidad de León)*** :
http://revpubli.unileon.es/ojs/index.php/artesmarciales/search

Revue ***Black Belt*** :
https://books.google.fr/books?id=fNsDAAAAMBAJ&hl=fr&source=gbs_all_issues_r&cad=1&atm_aiy=1960#all_issues_anchor

Ryukyu Bugei, Andreas Quast :
http://ryukyu-bugei.com/

Revue ***Cinturon Negro*** :
https://issuu.com/search?q=cinturon%20negro

Revue ***Master Magazine*** :
http://mastersmag.com/

Seido Karate Marburg E.V., Traditionelle japanische Kampfkunst :
http://www.seido-marburg.de/Startseite-Begruessung/

Shingetsuryu karate, Yasushi Abe :
http://shingetsuryu.com/

Shitokai Canada W.S.K.F (Canadian & International Shito Ryu Karate Resource Centre), Sam Moledzki :
http://www.shitoryu.org/index.htm

Shito Kai Quebec :
http://shitoryuquebec.org/techniques/katas/classification/

Shito Ryu Karate Do Cyber Academy :
http://shitokai.com/

The Traditional Japanese Karate Network & Download Karate Ressources :
http://www.downloadkarate.com/site/downloadkarate/
https://sites.google.com/view/traditionalkarate/home

University of Hawai'i at Manoa :
http://evols.library.manoa.hawaii.edu/

Vitual Sensei (Discover your Kinetic Energy), Alessandro Timmi :
http://www.virtualsensei.it/
http://www.virtualsensei.it/database/bibliography-database/

Chapitre 5 : Les applications pour téléphone mobile

ABERNETHY Iain, *Iain Abernethy's Applied Karate / Kata Bunkai App* (en anglais), IOS et Android.

Kata (avec Bunkaïs) : 5 Pinan/Heian, Naifanchi (Tekki), Passai (Bassai Dai), Kushanku (Kanku Dai), Chinto (Gankaku), Seipai, Seienchin, Wanshu (Empi), Gojushiho, Kururunfa, Jion, Jitte, Chinte, etc.

CÉRON Daniel, *Karaté Shito-Ryu - Katas et Bunkaïs* (en français), infographie Frédéric DUMONT, conception Jean-Claude BLOT, novembre 2010 :

- Katas Shito-Ryu 1 :
11 katas pour les ceintures blanche à marron : 6 Shiho Zuki, Juni No Kata Ichi et Ni, Hiji Ate Goho, Shinsei Ichi et Ni.

Katas Shito-Ryu 2 :
8 katas pour le 1er DAN : 5 Pinan, Naifanchi Shodan, Tensho, Sanchin.

- Katas Shito-Ryu 3 :
5 katas pour le 2^{e} DAN : Jion, Wanshu, Bassai Dai, Seienchin, Kosokun Dai.
5 katas pour le 3^{e} DAN : Bassai Sho, Chinto, Jitte, Naifanchi Nidan, Kosokun Sho.

- Katas Shito-Ryu 4 :
5 katas pour le 4^{e} DAN : Naifanchi Sandan, Nipaipo, Niseishi, Sochin, Unsu.

- Katas Shito-Ryu 5 :
5 katas pour le 5^{e} DAN : Gojushiho, Suparimpai, Seipai, Matsumura Passai, Rohai.

- Katas Shito-Ryu 8 :
1 kata : Bassai Sho (en version gratuite)

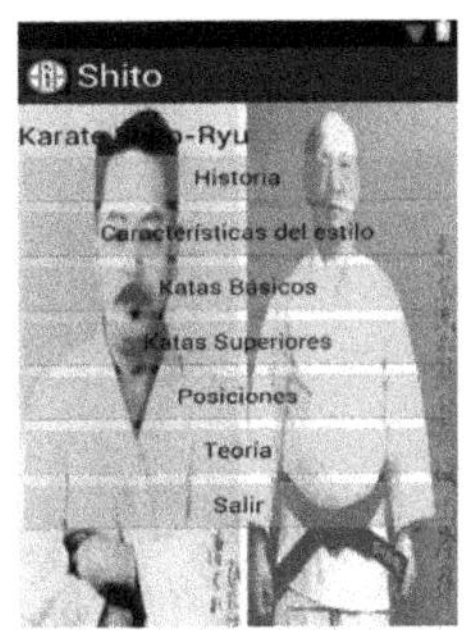

MARTIN Julian Ruiz, *Karate Shito-Ryu* (en espagnol), Android, version 6.0, 9 juin 2014.

Vocabulaire
Histoire du style Shito Ryu
Katas : 5 Pinan, Naifanchi, Chintei, Chinto, Kosokun Dai, Seipai, Kururunfa, Saifa, Sanchin, Seienchin, Unsu, Suparimpai, Sochin, Chatanyara no Kushanku, Anan.

ITOSU-KAI MI, by MINDBODY, Incorporated, *Shito Ryu Itosu-Kai*, Windsor Detroit, Karate Club, 2015, version 4.0.2 2017.

TAYLOR Lee, *Taylored Applications*, Android, version 1.3, 2017.

Karate WKF, Android, version 4.0.2, 28 novembre 2017.

« Kokoro » (cœur, esprit), par Hidetoshi Nakahashi, janvier 2004

ISBN 978-2-9569617-1-0

www.ingramcontent.com/pod-product-compliance
Lightning Source LLC
Chambersburg PA
CBHW060436090426
42733CB00011B/2294
9782956961710